组织的演进

持续优化

适者生存

业务变革

专业主义

邢艳平 ◎ 著

随机发生

·北京·

图书在版编目（CIP）数据

组织的演进 / 邢艳平著. -- 北京：中国经济出版社，2023.10
ISBN 978 – 7 – 5136 – 7493 – 5

Ⅰ. ①组… Ⅱ. ①邢… Ⅲ. ①组织管理学 Ⅳ. ① C936

中国国家版本馆 CIP 数据核字（2023）第 185686 号

责任编辑　姜　静　李玄璇
营销编辑　王洪聪
责任印制　马小宾
封面设计　任燕飞工作室

出版发行　中国经济出版社
印　刷　者　北京富泰印刷有限责任公司
经　销　者　各地新华书店
开　　　本　710mm×1000mm　1/16
印　　　张　15.25
字　　　数　180 千字
版　　　次　2023 年 10 月第 1 版
印　　　次　2023 年 10 月第 1 次
定　　　价　68.00 元
广告经营许可证　京西工商广字第 8179 号

中国经济出版社 网址 www.economyph.com 社址 北京市东城区安定门外大街 58 号 邮编 100011
本版图书如存在印装质量问题，请与本社销售中心联系调换（联系电话：010-57512564）

版权所有　盗版必究（举报电话：010-57512600）
国家版权局反盗版举报中心（举报电话：12390）　服务热线：010-57512564

写在前面

你是否对"高人才密度组织""构建核心竞争力""组织适应外部环境变化""持续创新"这些话题很感兴趣？是否想拥有不同阶段组织建设的有效指南？如果你有类似的需求，说明你是一个站在全局视角思考组织的人。但面对现实场景，你是否又会对认知组织、发展组织感到无所适从呢？

本书将为上述问题提供指南。和其他组织、人力资源管理书籍不同，本书从成熟度的视角阐述组织进化与变革之路。成熟度涉及三个视角：组织、人力资源和流程（此处不单指人力资源流程，而是指所有业务流程）。它从一个有机成长的视角来告诉我们，在不同的阶段，组织、人力资源活动和流程管理所处的状态，以及应该如何抓住主要矛盾来发展我们的组织，开展人力资源实践活动，提升流程能力。

组织为成员提供履行职责的环境，流程是组织成员履行职责的载体。根据成熟度不同，针对不同阶段、聚焦于开展不同的人力资源实践活动，"激发"组织成员的活力，便能最大程度地使组织及其成员在市场竞争中受益，不断累积"人力资本"。这将有效改善组织中"人"的管理活动和"流程"管理活动分离，以及人力资源实践中

组织的演进

"眉毛胡子一把抓"的现状，提升人与流程管理的一致性和效率，使组织进化得以实现，客户需求得以持续满足。

1954年，彼得·德鲁克首次提出"人力资源"这一概念。此后，随着技术、产业和跨国公司的迅猛发展，人们对人力资源管理或人力资源的概念逐渐耳熟能详。人力资源管理在全世界商学院体系中已经发展成为"显学"专业；在产业界，更是成为规模组织中必备的职能。但是，在实践和创新过程中谈起人力资源的管理时，人们还是莫衷一是。

相比较于人力资源，人力资本倒是被刻画得更为清晰。人力资本是典型的经济学概念，从亚当·斯密开始，一直到阿尔弗雷德·马歇尔等一众经济学家都讨论过这个话题，西奥多·W.舒尔茨更是在1960年美国经济学年会上的演说中系统地阐述了人力资本理论及其对于国家经济发展的价值。人力资本指的是投资在劳动者身上并形成劳动技能等的资本量，尤其是教育对经济增长的贡献。总体来说，人力资本含有投资、收益、变化、催生等动态内容。

在组织管理中，"人力资本"这一概念提醒管理主体在管理过程中要有投资的意识，要有对动态过程牵引的机制，更要有对人力资本个体拥有者，即知识型员工进行平权、赋能、催化、引导的原则、方法。这一"转念"将极大地有利于数字经济形势下的组织发展、组织与人的关系处理、人的发展管理等。

在教育阶段，我们可以通过学校来完成宏观意义上的人力资本投资；在学校教育之后，我们只有依靠各类社会组织来完成人力资本投资（个人的终身学习很重要，但非社会制度可依靠之基石）。这个时候我们发现缺少一个基于组织实践视角的人力资本理论：当组织尝试在不同阶段聚焦于自身所拥有的人力资源，形成明确的人力资本管理策略时，我们到底面临的是一条怎么样的道路？基于对这个需求的理解也是写这本书的初衷之一，换句话说，就是尝试为各类组织投资现有"人力资源"累积更多的人力资本指出一条演进之路。而这个过程，也是组织进化与变革之路。

本书由三部分构成：

在本书的第一部分，我们会介绍基本的知识、理论。对组织、组织成熟度、成熟度视角下组织进化，以及成熟度视角下管理的演进进行阐述。这一部分我们向读者展示，在历史的众多组织阐述中，笔者为什么唯独选择成熟度视角，以及其对管理的现实意义。

在本书的第二部分，我们会介绍不同阶段组织人力资源的实践活动，并通过案例说明不同组织成熟度阶段人力资源聚焦的重点，以便使读者了解并选择是否向目标等级进行转变。虽然组织成熟度有高低之分，但笔者并不认为社会中的所有组织都应该获取最高成熟度。一方面，组织承载了诸多历史文化认知，因此这个演变不可能一蹴而就；另一方面，组织多样性本身也是社会活力的体现，即组织成熟度等级是组织群体认知后的选择而非强制要求，但成熟度可以作为一个调节工具（通过社会推广以及组织内部选择来调节），提升和降低成熟度都是组织在不同时机有效调整的方式。最后，以惠普公司77年历史材料为基础，从组织成熟度视角开展分析，让读者看到组织的演进是一个怎样的系统，面临着哪些实际的矛盾。

在本书的第三部分，笔者会推荐应该重点聚焦的组织领域，即激发、理顺组织的创新力和一致性。创新力从组织开发客户的视角进行阐述，一个组织只要能持续地开发客户，其存在便是有意义的；一致性是从组织内部协调性视角阐述的，体现了组织内部的凝聚力。最后笔者认为，无论是创新力还是一致性，都融合在组织的员工关系中，

组织的演进→

正是组织对员工关系的定义和实践，激发了组织的创新力，理顺了组织的一致性，也可以说，完成了组织这个微观社会中的生产关系和分配关系重构。最后这部分想强调的是，组织功能的有效发挥既是社会发展之需要，也必须成为一个时代的信仰，否则组织的发展和组织视角的人力资本便无意义可言。

因此，这本书主体结构为三部分，采取了总—分—总的结构。按照三维行动学习理论，分别对应信、行和知。信念引领，行动机制跟进，并对相关知识进行刷新和迭代。本书还从中国文化视角对组织和人的要求，同时结合国内组织案例，对组织演化的方向加以阐释。

本书的缘起和笔者的经验、思考密切相关。既有日常工作的总结、观察与提炼，也有期待。中国的经济资源配置水平在当前机制下已经算是世界级了，但在组织建设方面还有漫长的探索之路。虽然现实社会中不会每个组织都成为高成熟度组织，但高成熟度组织越多，对社会贡献越大（反之，成熟组织对社会治理提升的要求也会更多，该内容不在本书的探讨范围之内）。因此，笔者希望为读者开辟出一条可以思考和实践的新道路，让志向远大的组织有可以参考的持续改进组织的路线图。

横看成岭侧成峰，远近高低各不同。人们对组织和人力资源管理的见解各不相同，希望读者能从本书的这些章节中有新的收获并找到新的视角，分享不同见解并交流学习。

在这本书完成的过程中，笔者受到很多人的影响，有的在笔者心中是标杆性的人物，你可以清楚地看到彼得·德鲁克、瓦茨·汉弗莱、詹姆斯·马奇、埃德加·沙因、包政等人的影子；有的则逐渐被时间腐蚀掉了名字。但正是这些标杆和被遗忘的人，形成了笔者认知组织的地形图。我会毫不犹豫引用前辈们的真知灼见,对"无名氏"们一并表示谢意和歉意!但如果失之偏颇,那显然是笔者没有清楚辨别的责任,与他人无关。也希望读者提出批评意见,笔者闻道则改。

邢艳平
2023年9月于北京石景山

推荐序一

本书作者具有丰富的企业人力资源管理实践经验，也是善于思考总结的组织管理和人力资源管理专家。

这本书以组织成熟度为切入口，系统讨论成熟度不同等级下组织与人力资源管理问题。这种整体视野、动态视野和专业视野，正是目前我国企业组织转型升级中所需要的，也是企业高质量发展过程中的"及时雨"！

组织成熟度是组织在运营和管理方面的发展程度和水平。这个概念通常用于评估和衡量组织的能力和效率，以及组织在实现目标和适应环境变化方面的能力。在本书中，作者着重介绍组织成熟度模型的内涵和方法。按照成熟度模型，组织发展被划分为几个阶段，且每个阶段代表不同的组织能力和水平。作者在书中提出五个发展等级，分别是随机发生、专业主义、业务变革、适者生存和持续优化。基于这五个等级，读者朋友能够清晰了解组织不同发展阶段的特点，并能够在组织向高级别演进的过程中，发现组织所面临的系统问题，从而找到变革的目标。除此以外，组织成熟度和等级差异对管理者也有很大

组织的演进

的价值！它的工具性和易操作性能够帮助管理者有效识别目前团队或组织的优势劣势，并制定出相应的目标和改进计划，从而有的放矢地为组织成长做出贡献。更重要的是，通过评估组织成熟度，组织领导人可以对自身组织能力做到心中有数，从而更好地了解自身的竞争优势和发展方向。

作者强调，组织成熟度提高的关键在于系统思考和整合思考。事实上，组织能力和水平提高的关键在于一致性能力，如战略执行力、资源分配力、组织制度力、组织文化力和创新力等要协调一致，打出组合拳，才能整体推进组织能力提升和组织演进。在整体推进过程中，人力资源管理职能起到关键作用。如果说管理是组织的器官，那么人就是组织中的一个个细胞，合理且有效的人力资源管理则是组织发展的"命门"。借助于组织成熟度这一管理工具，管理者能够发现组织在人力资源管理方面的短板，如招聘流程是否高效、员工培训是否符合实际需求、绩效管理是否科学合理，等等。本书作者基于自己多年的人力资源管理经验，提供了许多宝贵的案例，还对人力资源管理"选、育、用、激、汰"等不同环节进行了反思和归纳。这些都能够帮助人力资源专业人员、企业负责人更好地开展管理工作，推动组织进步和发展！

在组织成熟度的视角下，组织需要进行持续的改进和优化。在持续改进过程中，组织成熟度模型也能够为组织提供改进的路径和方法。然而，无论何种方法，都是组织发展过程中的一条筏。运用之妙，存乎一心。组织要达到灵活适应环境并做到可持续发展，需要把握和运用一系列适合自身发展条件和实际情况的方法论。读者朋友在使用该方法过程中，切忌"刻舟求剑"。

推荐序一

总之,本书是有参考价值和实用价值的人力资源管理专著,能够切实有效地帮助读者,尤其是对于企业管理者和人力资源管理者,能够做到开卷有益。

冯云霞
中国人民大学商学院教授

推荐序二

之前听艳平说过几次成熟度的概念和实践，今天摆在面前的已经是一本系统介绍组织演进的书了，真诚地表示恭喜！受艳平所托为此书作序推荐，我仔细阅读后有几点认知与感受，与读者分享并推荐。

目前市面上接触到的与成熟度相关的内容一般是关于某一个专业领域的，例如集成能力成熟度模型（Capability Maturity Model Integration，CMMI）是软件开发企业经常会去进行认证的；人员能力成熟度模型（People Capability Maturity Model，PCMM）是一些对人才管理有热望的企业经常去对比学习的。这些专业领域会有一系列的子流程领域（Process Area），这些子流程领域再使用日常概念层面的"流程"来进行管理、度量、改进。在不同的成熟度级别，子流程领域包含的内容是不一样的，显然，成熟度越高，要实践的子流程领域就越多。这就是我们日常见到的成熟度，它关注更多的是专业性。

成熟度理论涉及三个方面的融合，即组织、流程和组织中的人的行为。人的行为已经在 PCMM 中有阐述，流程已经由 CMMI 来做示范性的定义、框架和实践。那组织成熟度这个概念，显然是要说清楚的。作者在本书中按照组织"协调"取得绩效的方式的不同来进行定义，继承了切斯特·巴纳德对组织的定义，符合成熟度的精神，应该说是对这两个定义的一个发展。正是说清楚了组织取得绩效的方式不同，才有了不同的组织成熟度，才有了组织可以进化的道路。换句话说，从事相同业务的组织，由于潜在假设和协调方式不同，其流程和人员协调范围是不同的，其对自身的"开发"程度也是不同的，如图1所示。

等级	组织进化之路			
	绩效获取方式	对组织的假设	关注的人	流程
5 持续优化	向创新要未来	组织巨大的力量蕴藏在群众之中	与组织流程执行能力提升相关的所有人	组织流程被定义、协调、剪裁、创新
4 适者生存	用能力适应变化	有组织能力才能适应环境变化	与组织重要竞争能力提升相关的所有人	实时重要流程数据反馈与调节
3 业务变革	向业务变革要成果	核心竞争力是取胜之本	组织核心竞争力提升涉及的关键人	关系组织核心竞争力的流程被分析、发展
2 专业主义	向人才要绩效	组织需要专业人士的贡献	部分管理者或专家	专业视角的流程，注重专业原则
1 随机发生	向领袖要生存	一切老板说了算	组织领袖个体	缺少流程，大多是根据情境的个人决断

图1　组织进化之路

这个改变有两个值得关注的点：第一，组织演进成为CEO、每个组织核心决策层要面临的一个选择，组织绩效获取方式决定了人才建设和流程建设的成熟度和竞争力。第二，这种方式符合中国人的系统化思维——从上往下看，自上而下地承担责任改变了原来在专业领域思考、实践的状态，为组织创造了由外而内思考、行动与反思的视角。由此,组织的社会意义才得以在中国文化下成功连接。

作者不满足于对组织演进做一次阶梯式上升的描述,在第九章惠普的例子中,将组织的演进看成一个矛盾体,上升到了将其进行"一般化"的描述。基于特定的社会环境、内外部压力下的一组矛盾,形象地还原了现实。一方面组织是社会的基本器官,通过创新解决社会问题,社会环境和内外部压力变化都可能"提醒"组织该进行变革了;另一方面组织本身就要协调不同的人和力量,在组织内外部就展现为"协调"方式的选择,如图2所示。

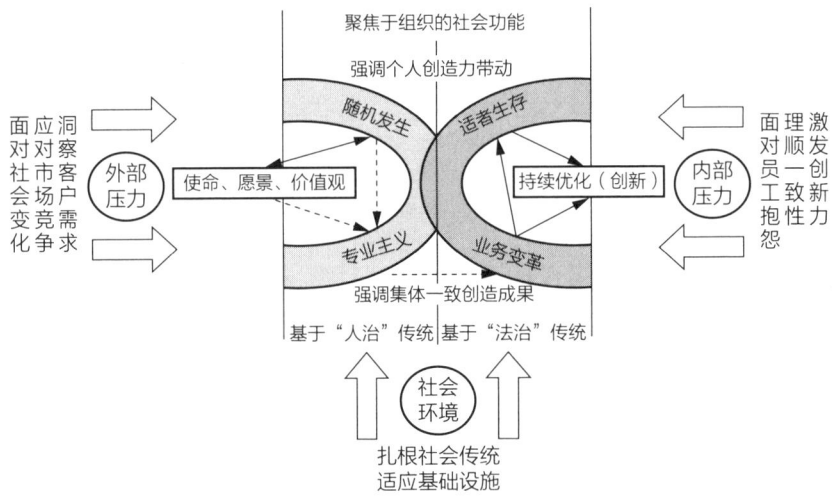

图2 实战视角下的组织成熟度

整体来看,本书的第一部分是对组织和管理的基础性介绍;第二部分是关于人的活动在不同业务流程成熟度中的实践,同时在最后两章进行了总结;第三部分是指导读者践行的认知刷新,作者告诉我们应该增强组织的创新力,而增强创新力的同时,不要忘了使组织内外的人和力量达到相对"一致"。这样作者就横向、纵向为读者织了一张网，选择什么样的成熟度和什么样的流程领域，便是读者自己的选择，有了选择，才能实践出自己所在组织、团队的演进道路。

认真阅读这本书，相信读者一定会在认知和行为上受益，特此隆重推荐！

刘忠东
锐捷网络股份有限公司总经理

推荐序三

2010年，受惠普公司邀请参加首钢信息化团队的人力成熟度（People CMM）评估项目，我作为卡内基梅隆大学下属的软件工程研究所（Software Engineering Institute，SEI）PCMM授权讲师，同时也是首钢信息化评估项目的项目组成员，在近十天的评估过程中与作者邢艳平结识。他作为公司的人力资源总监，从组织人力资源管理的不同维度给评估组做了详细的介绍，并准备了大量的资料。从他介绍组织情况的每个细节，能看出这是一位能从业务维度出发，思考人的问题的人力资源总监。

由于他对业务的运营及人力资源管理的熟识，他能将业务流程和人力资源管理活动（比如招聘、绩效管理、奖励及认可与项目管理流程中不同里程碑的相关流程活动）进行有效的融合，评估中抽取的样本项目所展示的证据显示，项目经理及项目的上级管理者能简便且熟练运用业务管理及人力资源管理相融合的流程；项目的资源管理、绩效管理、项目团队信息的透明度以及团队成员的自主性也表现得非常优异。

我想，作者的职业生涯应该是延续了业务与人力资源结合的习惯，在结识之后的十几年时间内，我们一直保持着专业上的沟通，这种判断越发显而易见。相信大家在本书的各个章节中都能看到他对业务及人力资源不同专业领域的深入理解及独到见解。

电子商务始于2000年的美国，自此之后，美国零售行业的在线销售及交易的增长比例每年大约为1%。一次突如其来的新冠疫情使美国在几个星期内完成了几十年的增长。2020年初，大约有16%的零售业通过线上完成交易。美国出现疫情后的八周内（2020年3月至4月），线上交易猛增至27%，并且没有表现出衰退的迹象。一次突发事件促使大众的消费方式实现了颠覆式的变革，有准备的企业获得了红利，而那些尚未准备好的企业则与机会失之交臂。

当下，我们正处在第四次工业革命的巨浪中，人类打开了一个充满新奇且不确定的潘多拉宝盒。随着AI等数字化技术的高速发展，第一部完全基于AI技术的电影在YouTube上发布，使得长期占据美国电影主流地位的好莱坞如坐针毡，演员、编剧、导演及工会代表们走上街头，强烈抵制全盘由AI技术代替人类制作电影的行为。但显然人类的行为不能一直聚焦在反对上，唯一不变的就是变化。

这个时代快速、不断推陈出新的变革，使得各种规模的组织力求保持随机应变的能力及极强的创新能力。要随机应变，就需要组织变得扁平化，组织具备敏捷性和超强的客户感知力。组织内的每个员工都能对外部的变化及组织的变革有独立思考的能力，并能付诸行动，成为一名多面手，懂得如何与人、与机器共同工作，确保和组织同频。

一个敏捷高效的组织究竟是如何运营的？如何确保在及时感知并持续反馈客户的前提下，在内部及时调整产品及服务或创造出颠覆以往成熟的产品呢？如果你仔细研究过世界级的数字化原生企业，不难发现在极度强调创新的强大企业文化背后，组织内部一定有一套和组织价值观紧密关联的规则。比如奈飞文化、华为基本法，等等。作者在本书第二部分列举了案例，给出了答案和他的理解。

过去二十多年的咨询服务经验告诉我，大企业要变得扁平化且高效，需要强大的勇气打破组织内的部门墙及组织长期捍卫的价值网，运用组织已有的管理成熟度及员工个体在其专业领域的成熟度，将最优质的资源流向能为客户带来最大价值的团队。作者在本书的第三部分，做了详细的介绍。

小企业要在这个时代胜出，除了能充分利用其组织结构简单、能灵活掉头的优势以外，还需要管理者能从组织内外部进行快速反馈和学习，确保组织的产品和服务的差异化、个性化，无限贴近客户的需求，重视客户的体验。在快速反馈和学习的过程中，对员工的选择、快速培养、必须明确的工作规则以及与绩效表现相对应的个性化激励机制，都需要每位小企业的企业主带领全体员工进行打磨。

不确定时代，组织需要与其价值观及价值主张匹配的组织成熟度，相信通过本书的阅读，大家会看到这些核心要素之间的关联性并能获得新的洞见。作者对中国文化、西方管理学尺度的把握和架构，也为中国读者理解组织演进提供了便利。

冯 洁

上海颗思企业管理咨询有限公司创始人

卡内基梅隆大学软件工程研究所 PCMM 授权讲师

目 录 CONTENTS

第一部分 组织与管理

第 1 章 组织与组织进化之路 / 002

1.1 理解组织 / 002

1.2 组织成熟度 / 005

    1.2.1 成熟度 ABC / 006

    1.2.2 三个领域不同成熟度的案例 / 008

    1.2.3 成熟度改进的选择策略 / 015

1.3 组织进化之路 / 016

    1.3.1 随机发生 / 016

    1.3.2 专业主义 / 017

    1.3.3 业务变革 / 023

    1.3.4 适者生存 / 031

    1.3.5 持续优化 / 033

    1.3.6 小结 / 034

第 2 章　成熟度视角下的管理　/　041

2.1　管理概念 ABC　/　041
2.2　从几个现实例子说起　/　042
2.3　管理的概念与现实意义　/　049
2.4　数字经济带来的变化　/　052
2.5　管理展望　/　053

第二部分
实践和机制

第 3 章　向领袖要生存　/　056

3.1　老福特的故事　/　056
3.2　等级 1 的组织　/　058
3.3　行动起来　/　059

第 4 章　向人才要绩效　/　061

4.1　奈飞公司的人才管理实践　/　061
4.2　人才招聘与配置　/　063
　　4.2.1　校招的案例与启示　/　063
　　4.2.2　社招实践中的常见问题与解法　/　067

4.2.3　正确认识面试选拔　/　071

　　　4.2.4　做好人才融入　/　074

　　　4.2.5　通过人才盘点来评估和配置人才　/　075

　4.3　管理绩效　/　080

　　　4.3.1　从身边的事情说起　/　080

　　　4.3.2　从故事到理论　/　082

　　　4.3.3　开放系统下的组织绩效　/　088

　　　4.3.4　管理员工绩效　/　091

　　　4.3.5　小结　/　092

　4.4　等级 2 的组织　/　093

　4.5　行动起来　/　094

第 5 章　向业务变革要成果　/　096

　5.1　一个 IPD 流程成功落地案例　/　096

　5.2　胜任力分析与胜任力发展　/　103

　5.3　员工职业发展　/　111

　　　5.3.1　从对任职资格实践的观察说起　/　112

　　　5.3.2　任职资格向外部学习情况　/　114

　　　5.3.3　任职资格的 Why-What-How　/　116

　　　5.3.4　领导力的发展　/　120

　5.4　工作组（团队）发展　/　125

　5.5　等级 3 的组织　/　127

　5.6　行动起来　/　128

第 6 章　用能力适应变化 / 130

6.1　一个优秀 TA 团队建设案例 / 130
6.2　导师 / 133
6.3　赋权的工作组（团队） / 136
6.4　组织能力与定量的管理绩效 / 137
6.5　等级 4 的组织 / 138
6.6　行动起来 / 139

第 7 章　向创新要未来 / 140

7.1　谷歌的创新 / 140
7.2　持续的人力资源管理革新与能力改进 / 145
7.3　管理组织绩效的协调性 / 146
7.4　等级 5 的组织 / 147
7.5　行动起来 / 148

第 8 章　成熟度视角下组织的进化与变革 / 149

8.1　五个成熟度等级比较 / 149
8.2　组织进化与变革 / 152
8.3　成熟度对组织与管理主体的价值 / 156

第 9 章　组织的演进：惠普 77 年 / 158

9.1　建立观察组织的全面视角 / 159
9.2　惠普的基石 / 162
9.3　进入计算机行业 / 165

9.4　打印机业务的巨大成功　/　171

9.5　反思惠普的演进　/　174

9.6　对组织利用组织成熟度的启示　/　176

第三部分
人和组织的未来

第 10 章　组织的发展与人力资本　/　182

10.1　组织的创新力　/　182

10.2　组织的一致性　/　185

10.3　员工关系　/　189

　　10.3.1　从中电科事件说起　/　189

　　10.3.2　一次群体员工关系事件干预　/　192

　　10.3.3　数字经济时代员工关系处理原则　/　196

10.4　小结　/　198

附　录　简说流程管理　/　199

参考文献　/　211

致　谢　/　214

图 目 录

图 1 组织进化之路 / 005

图 2 实战视角下的组织成熟度 / 006

图 1-1 人力资源能力成熟度模型中的成熟度框架描述 / 007

图 1-2 组织成熟度阶梯 / 007

图 1-3 GE 人才管理 C 会议 / 009

图 1-4 阿里铁军拜访客户的资料准备 / 024

图 1-5 行业营销经理与产品规划经理商业机会洞察任务框架 / 025

图 1-6 组织成熟度视角与组织视角的关系 / 035

图 1-7 People CMM 过程域 / 037

图 1-8 从人力资源管理到人力资本管理的进化之路 / 037

图 1-9 组织进化之路,以组织成熟度为视角 / 038

图 2-1 艾萨克基本谈话模型 / 049

图 2-2 管理的要素 / 050

图 4-1 谷歌的面试研究 / 072

图 4-2 高端人才招聘质量调查数据 / 073

图 4-3 行为工程模型 / 084

图 4-4 卓越团队的六大条件 / 085

图 4-5 团队诊断的 12 个指标 / 086

图 4-6 一个基于 TDS 的研究实例 / 087

图 4-7　组织绩效简要模型　/　088

图 4-8　组织绩效模型　/　089

图 5-1　R 公司产品经理胜任力模型　/　097

图 5-2　R 公司产品经理职业发展路径　/　098

图 5-3　R 公司产品经理职责、任务分析　/　099

图 5-4　R 公司 IPD 流程与产品经理岗位任务对应匹配情况　/　100

图 5-5　系统软件开发工程师的岗位胜任力要求　/　105

图 5-6　医院护士工作划分成培训单元　/　109

图 5-7　工业工种任职资格（以焊工为例）　/　115

图 5-8　任职资格评聘与战略、人岗匹配关系　/　119

图 5-9　组织对领导力的需求　/　122

图 5-10　基于流程的工作组（团队）开发　/　126

图 6-1　四个一人才寻访法　/　131

图 8-1　对于人才认知的进化之路　/　154

图 8-2　流程管理的进化之路　/　155

图 8-3　组织进化之路　/　156

图 9-1　完整视角下的组织成熟度　/　161

图 9-2　惠普发展史　/　161

图 9-3　实战视角下的组织成熟度　/　176

图 9-4　实战视角下成熟度的中国化表达　/　178

附图 1　重构的 APQC 流程分类　/　201

表 目 录

表 2-1　某中学考试评分反馈表　/　045

表 5-1　信息搜集能力的定义　/　104

表 5-2　产品经理的职责分析示例　/　106

表 5-3　产品经理"研究行业趋势"任务的步骤分析　/　107

表 5-4　产品经理"研究行业趋势"任务需求的胜任力分析　/　108

表 5-5　护士"在周边血管打静脉注射"工作任务分解表　/　110

表 5-6　NVQ 的职位级别　/　117

表 9-1　整体考察组织的八个维度　/　159

附表 1　APQC 流程分类表　/　201

第一部分
组织与管理

世界地图不是一蹴而就的，是随着航海技术的发展一步一步地收集地理信息而形成的。而今，我们通过卫星和地面系统能够监控每一个地理位置的实时信息，海陆空交通的便捷性大为提高，人类对世界的认知水平大为提高。

对于组织的认知也是如此，如果我们只是待在原地，不愿意花时间去探索，就无法认知组织的真面目，就无法构筑组织的"北斗系统"，只能盲目前行。

组织日益成为社会的基本单元，其健康程度将对社会、组织本身和个体产生影响，而越来越多较高成熟度的组织是社会之光，人民之福。

第一部分共两章。第一章帮助读者认知组织、组织成熟度，以及组织的进化之路，为组织选择自己的道路指明方向；第二章在认知组织、组织成熟度的基础上，阐述管理、数字经济时代及其对人和组织的影响。

第1章
组织与组织进化之路

1.1 理解组织

"组织"这个词是一个相对晦涩的概念,它近在眼前,却不好定义。本章节先从组织的概念说起,以便帮助读者建立一个明确的组织概念。

组织理论之父切斯特·巴纳德是率先对组织进行定义的人之一,是一位长期深入组织管理的实践者,因此他的定义历来在学术界、实践界被认为是权威。巴纳德认为,组织是"有意识地协调两个或两个以上的人的活动或力量的一种系统"。也就是说,组织作为一个动态的存在要能够持续存在乃至变得更好,就必须进行有意识的协调,这个协调就是我们日常在组织场景下讲到的管理。但协调什么呢?就是协调人的活动或力量,且这种持续的协调指向组织的目的,即实现它的社会功能。从这个角度来讲,组织有三个要素,分别是组织存在的目的、人的活动或力量、有意识的协调活动。为什么人的活动或者力量需要协调呢?显然是因为每个人对组织的需求不同,或者说,组织的意愿和个人在组织中的意愿是不一致的(从股东的角度及关键客户的角度看也往往是不一致的)。

接着我们来看著名学者赫伯特·西蒙和詹姆斯·马奇在《组织》一书中的观点。他们对组织的定义是:"组织是偏好、信息、利益或知识相异的个体或群体之间协调行动的系统。"除这四个相异的方面外，这两位20世纪最著名的管理学者还就组织行为提出了三组命题：

第一，组织成员天生是消极被动的工具，能够完成工作和接受命令，但不能主动行动和发挥影响。

第二，组织成员的态度、价值观念与目标会影响组织，只有受到激励和诱导，他们才会参与组织行为系统。组织目标与组织成员的个人目标不完全一致，所以会产生冲突。这些冲突使权力现象、态度和士气成为理解组织行为的关键因素。

第三，组织成员是决策者，也是问题解决者，他们的决策方式和问题解决方式也是理解组织行为的关键因素。

乍一看，这三组命题是矛盾的，但马奇和西蒙认为，这三组命题的假设并不矛盾，组织具有全部三项假设。

彼得·德鲁克是20世纪被关注最多的"管理学"学者，之所以对"管理学"打引号，是因为彼得·德鲁克自认为是一个社会生态学家（但他也承认："我把管理研究发展成为一门自成体系的学科。"），他在20世纪人类对组织的认知中起到了重要作用。他首先认识到社会"组织化"本身是一个重大的历史变革，组织成为新的社会器官，而管理成为组织的器官。与上述几位学者相同，他也认为组织的本质是一个社会化的合作系统，其中包含了广泛的人与人、人与权力之间的关系；他认识到了组织的经济面、政治面和社会面，与此对应，他要求组织要创造绩效，让员工有成就感以及对社区有贡献；最后他对组织提出了卓越的要求：要拥抱变化，要聚焦于创新与营销。

以上定义和认知都是我们在理解组织的概念时所必须掌握的基本知识点，但如果要建立起画面感，还有一段距离。如果我们从西方和中国的两个语境中去理解，或许能得到一些更好的启示。组织的英文单词是

组织的演进→

organization，organ 通常指器官。彼得·德鲁克一直讲组织是社会的器官，管理是组织的器官，"器官"在这里可以理解为组织在社会系统中发挥不同的功能。那么在中文的语境中，组织是什么意思呢？组织的意思是编织。有纵有横才能编织，编织会出现有异于原来单独纵、横性质的结果，例如原来都是柳条，经过编织现在成筐子了；原来是经线和纬线，经过编织，成了一块布，也就是说编织使得原有的材质有了不同的功能。对应到组织场景中，不同能力的人在一起，通过协同和赋能，具备了新的能力。从英文和中文的语境中，我们尝试建立一个画面，从外部来看，组织是由于其社会功能发挥的必要性而存在的，它是一个社会器官（当然这是一个单纯的社会学视角，长期和宏观来看，或许只有这个视角更能站得住脚）；那么从内部看，组织要使用不同的专业人才打造独特能力（认知、知识、技能、过程能力的集合），特别是打造对外提供产品与服务的流程能力。而正是这个流程能力，是组织行使其社会功能所必需的。这就是组织的外部和内部视角，建立起这个画面感，对我们理解什么是组织是非常重要的。

我们必须理解组织，是因为组织是现代社会的器官，这是近100多年的事情。自工业革命以来，科学技术本身的发展使协调必须在更多的符合要求的人之间开展，以此建设强大的工业能力。于是原来以家庭为单位，或者以宗族、某一贵族为单位的架构无法满足跨技能或者跨地域的协调，原来基于农业时代生产力的社会模式逐渐瓦解了，于是组织替代它们成了行使社会功能的主要单元（家庭乃至家族作为重要的社会单元仍然有其必要的社会职能）。在较小的社会功能单元中，家庭成员也可以成立组织，但其组织起来的原则已经不是家庭原则，而是组织原则了。推动历史车轮向前的责任主要落在了组织这个基本单元身上，因此这个基本单元的成熟度、众多不同成熟度组织形成的社会组织构成，就对社会产生了重大影响。这个转变在人类历史上是一个大事件，是我们生活在当代的人所必须接受和面对的。应对这个变化的能力也是各个民族文化发展到现阶段所必须面对的重大问题。

1.2 组织成熟度

上一节我们就什么是组织进行了阐述，使我们认识到组织本身是一个协调系统，但当我们去看这个协调系统的时候，发现各个组织的协调系统并不相同。那么这个不同，会给我们带来什么样的价值呢？这一节在认知组织的基础上，让我们来理解组织成熟度这个概念。这就像我们看不同的人，其思想的成熟度不同。

组织成熟度的英文单词是 organizational maturity，这个概念发展自瓦茨·汉弗莱（Watts Humphrey）的能力成熟度模型（Capability Maturity Model）。简言之，瓦茨·汉弗莱认为组织的改进应该有一个路线图，分阶段来实施能力的提升与改进，而无法一步到位地改进太多、太快，而这正是为了应对现实中组织变革失败而提供的方案。瓦茨·汉弗莱注意到了组织，但他的能力成熟度模型更多关注的仍是流程，后来发展到人力资源流程和活动。正是基于这个视角，使得各类成熟度实践在中国落地困难重重，多数以取得认证为主。因为大家将更多的焦点放在了专业领域，而不是聚焦于利用组织力量满足由外而内需求的整体改进与变革。

根据笔者的观察和思考，很多中国人，尤其是有一官半职的干部都很有雄心，也很有忧患意识，但在实际工作中却常常找不到方向和头绪，有时候甚至找不到切入点。举个例子，曾经有一位计算机硬件上市公司的董事长朋友问笔者：如何设置研发人员的绩效目标使之保证研发出来的产品能够大卖成为爆品？这位董事长有 30 年以上的从业经历，对组织的责任感和兴趣都很高，但显然对组织的了解太少。他无法理解组织在迈向产品开发成熟的道路上要迈过多少坎。在他的脑海中，爆品就是和研发人员的绩效目标设置直接关联的。这位企业家对研发人员胜任力管理、动机激发和持续创新、组织氛围营造、结构优化和流程拉通等方面对爆品的影响几乎没有考量，存在思维盲点。第二个例子是笔者曾经历过的另一家上市企业所实施的变革项目，企业想利用员工工作环节的"标准化"手段来显著地提升组织流程绩效，这虽会产生一点效果，但显然搞错了成熟度的级别。说句更容易理解的话，以上两个例子都是想在一楼看到二楼、三楼的风景，但无论如何努力地"向上跳"，都是无法做到的。这两个案例中的企业在中国远称不上是反面典型，但是代表了中国一些业务发展相对较好的组织在面临组织改进时的认知和实践困境。

1.2.1 成熟度 ABC

当我们在说成熟度时，大家可以理解为它是一个流程能力发展路线图，或者说是一个阶梯，这个阶梯是对各类专业流程发展阶段[①]的描述。图 1-1 为人力资源能力成熟度模型中的成熟度框架描述，为了将其发展到组织成熟度视角，笔者对其进行了改进（其他章节均沿用了这个改进），见图 1-2。

[①] 原能力成熟度模型一般将前三个等级翻译为初始级、有序级、可定义级，由于和组织成熟度视角不符，故进行了名称变更。

第 1 章 组织与组织进化之路

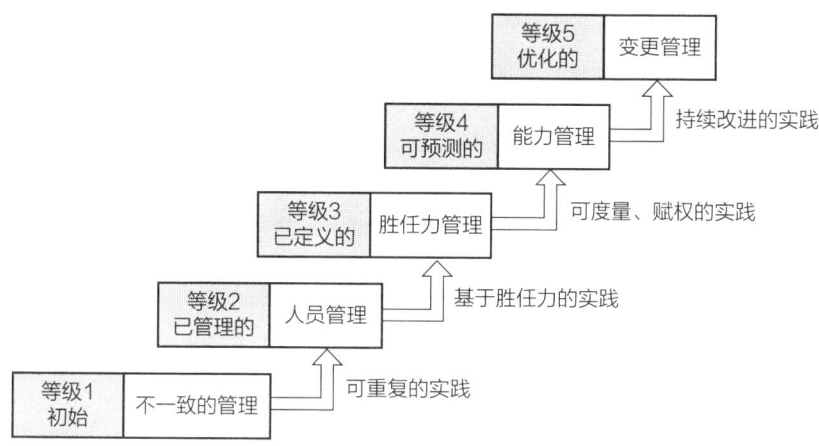

图 1-1　人力资源能力成熟度模型中的成熟度框架描述

资料来源：Humphrey（1989），Paulk et al.（1995），笔者翻译整理。

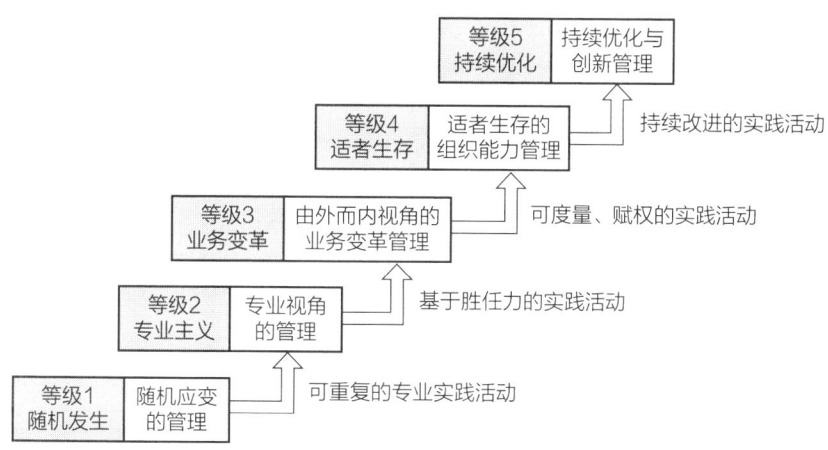

图 1-2　组织成熟度阶梯

资料来源：笔者改进后绘制。

凡是成立的组织，如果不有意为之，那么它就很难表现出来一致性和可重复性；一旦组织开始做可重复性的实践，那么它就到了等级 2 的水平，这些可重复的实践为什么变得可重复了呢？因为专业知识进来了，

007

组织的演进→

专业人员根据专业知识让组织运营中的事件流程化、惯例化，因此变得可重复了。从等级 2 到等级 3 是组织管理的涅槃之战，也是最难的。能力成熟度模型集成（Capability Maturity Model Integration，CMMI）、人员能力成熟度模型（People Capability Maturity Model，PCMM）认证领域有句话，叫"Level 3 is enough"，就是说组织成熟度达到第 3 等级就足够了，后续的两个等级都是在等级 3 的基础上做改进，可见等级 3 的重要性和难度。那等级 3 难在哪里呢？难在协调和深度整合胜任力（整合流程视角和岗位视角）！等级 3 之后，组织的能力开始可以预测，应对变化的能力增强了，此时我们称之为等级 4，能够适应环境的变化，也可以自主地提出改进目标。等级 5 是指在等级 3 和等级 4 基础上纳入大众智慧的持续优化与创新。也就是说通过对组织不同协调方式的描述，总结出不同阶段的特征、目标和实践，进而成为其他组织管理实践的参考。下面我们通过几个例子进行了解。

1.2.2 三个领域不同成熟度的案例

第一个例子谈谈干部管理。干部管理是组织管理中的重中之重。俗话说"火车跑得快，全靠车头带"。每个组织都有管理者，目前即使在互联网领域，也逐渐有干部负责管理了。

每个组织都有干部，那每个组织的干部是如何被任命的呢？这个时候会有一部分人跳出来说："什么任命，我早就跟着老板干 30 年了，还任命什么呀！"在现实中，还存在不少这样的组织，即使有的组织年营收已经超过 1000 亿元了，但仍然没有设计出可复制的干部任命制度。老板仍然紧紧掌握干部任命权力，一旦有想法了，老板就可以对人选进行升职、撤职或调动。这样的组织无论规模多大，从成熟度的角度看，其干部管理就是等级 1，即典型的不一致的管理，是老板随机应变的管理。

这个时候就会有人问，人家等级 1 就做到了 1000 亿元以上的营收，不也挺好的吗？笔者想说的是，这样的组织大部分都是乘上了改革开放的东风，依靠资源发展起来的，在今天的中国这种模式还持续得下去吗？30 年内，这个千亿帝国也许就会成为人民和政府的负担。所以这样的组织目前也有改革的冲动，他们看到了前车之鉴，这样的企业对企业家个人的依赖特别重，一旦企业家个人有点风吹草动，组织就直接垮掉。

等级 2 的组织怎么样呢？干部有相对明确的任期，任命有公示，有纪检和监察部门；做得好的，还会对干部的工作进行定期的反馈或辅导。目前社会上比较像样的组织，基本上都能做到这个层级了，做到这个层级不算难，再加上有政府做模板，很多组织都能达到这个层级。从一开始就建立起这样的流程和制度，这样组织对干部就产生了一定的约束，干部对自己也有预期，对自己的行为也有规范的意愿。

那么为什么还需要等级 3 呢？这就要问一个问题，如果干部管理要提升组织竞争力，应该如何去做呢？每个组织的答案都不一致，这里举一个美国通用电气公司（General Electric Company，GE）的例子供读者参考，见图 1-3。

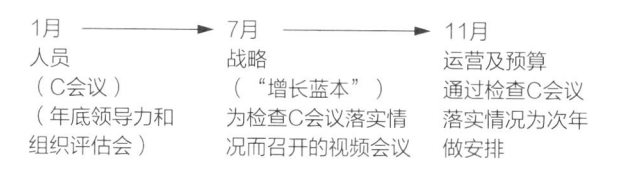

1月 ⟶ 7月 ⟶ 11月
人员　　　　战略　　　　运营及预算
（C会议）　（"增长蓝本"）　通过检查C会议
（年底领导力和　为检查C会议落实情　落实情况为次年
组织评估会）　况而召开的视频会议　做安排

图中需要理解的几个关键点：

- 领导层承诺在人才问题上投入大量时间和精力，他们将人放在绩效之前。
- 各种回顾总结是缜密而有效的，它们之间相互关联。
- 教练辅导和反馈是持续、直接和具有实际意义的。
- 连续多对象的观察结果得到了积累，并会进行相互比较。
- 对话交流得以落实并贯穿全年始终。

图 1-3　GE 人才管理 C 会议

资料来源：拉姆·查兰、比尔·康纳利，《人才管理大师》，刘勇军、朱洁译。

组织的演进→

可能有很多人会认为这个图很好，也有人会疑惑：这个顺序可能是错了，因为战略决定组织，有组织了才会有干部，因此人员的会议应该放在最后，逻辑性才更好。但 GE 认为，战略和组织只可能在合适人才的头脑中出现，如果你连某一项事业的领导者或者领导团体都没有搞对，其他都白费了！这个认知是非常高的！GE 用相对流程化的方法做到了。大家想一下，如果按照这个优先级，干部是不是 GE 的第一优先级？这种情况下是不是需要干部的上级和干部管理部门对干部的历史、行为模式、专业能力都非常清楚？且需要持续地观察和澄清，才能有一个坚实的干部队伍。而且在这种情况下，GE 将成为业内干部的"黄埔军校"，接受其他公司的"挖角行动"，它的继任计划必须灵活而有效。做到这几点，我们可以说 GE 的干部管理达到了等级 3 的水平，它把干部管理定义成了它的核心的竞争力，与业务上"数一数二"的战略相互辉映，这成为杰克·韦尔奇掌舵 GE 的标志。

我们的组织要达到这个程度，创始人必须呕心沥血！

笔者对华为公司参与业务领先模型（Business Leadership Model, BLM）引入的干部做过访谈，问他们如何看待战略和干部匹配这个问题，华为干部认为讲这个需要领导艺术！华为把这个环节放在战略之后的干部排兵布阵环节，就是主要干部拿着业务的规划去解码其如何实现。但是如果一号位的第二次汇报还不能通过，第三次就要让副手来汇报了。这实际上意味着华为在业务部门领导班子的安排中，也是充分考量干部能力的。这样的制度也需要在组织中有可复制的管理模式，以保证人才有充足的储备。

很多人常引用毛主席的话，"政治路线确定之后，干部就是决定的因素"。针对这句广为流传的话，笔者想做两点引申：第一，政治路线确定是最需要高级干部着力的点，以毛主席为"班长"的决策层曾经长期具备这样的能力，所以群众信赖他们；第二，在毛主席领导中国的阶段，中国的生产力水平还非常低，如果在那个年代把干部管理提升到等级 3，就能激发巨大的活力和战斗力，你认为在组织里面可取吗？他会对你提出什么新的要求？看看三大战役，看看抗美援朝，看看将军做外交为当下中国开辟的外交舞台，或许你就能明白需不需要把自己的干部管理等级呕心沥血提升到等级 3。

第二个例子就是上文提到的研发爆品的事情。一般的商业组织，都是有产品或服务的。那么这些产品或服务是从何而来呢？当然是由一些核心的骨干或者领导者带领团队干出来的，不仅当时干了出来，后续还陆续做了改进，成为组织主要的产品线。他们干的时候没有流程和规则吗？当然有！那为什么现在开始讲爆品了呢？因为以前的爆品遭遇增长瓶颈了。实际上，随着竞争的加剧，组织规模化以后效率变低，以前的管理方式出现问题。这个时候，企业就有了变革的需求。

在我国，不少高科技组织（特别是硬件产品居多的高科技组织）都想模仿集成产品开发（Integrated Product Development，IPD），花了重金引进 IPD 流程以后，效果并不尽如人意，基本上会以失败告终。如果说还有些成效的话，也就是做产品的部门和干部找到了一些可以对比、对照的方法，并在组织内部引入相关机制，同时在组织内部建立起评审产品开发中的市场代表、财务代表和质量代表等制度。除此之外，大部分组织在现阶段基本上找不到更好的办法。

那么 IPD 流程如何才能更好落地呢？产品开发流程最关键的是需求理解。需求理解正确了，这个事情就相对容易一些。需求这个事情说起来容易，做起来很难。在商业层面可以叫作生意机会洞察，在产品设计层面叫需求管理。请问各位读者，您的组织里究竟有多少人在从事生意机会洞察，频率怎么样，是分行业的还是分产品的？还是已经瞄准了颠覆行业的创新机会？如何才能做好一份洞察？除此以外，组织里面有多少人在从事需求的传递，对这些需求的描述真实吗？如何才能在产品层面还原一个需求，如何评价一个需求是好的需求，如何才能把一个需求纳入设计？上述职责应该由谁完成并形成一个系统的能力？认真思考上述问题以后，就可以看到不少组织对上述问题没有进行系统思考，也没有机制进行管理，更没有主体负责闭环。那么，这个流程的落地应该从什么地方切入呢？

首先，应该从与集成产品开发相关的岗位开始。产品规划经理应该负责什么工作？由谁来支持这个工作，这是要认真分析并实现的，否则组织中的其他岗位不会听他的调遣。产品规划经理自己的工作应该达到什么标准，按照什么流程和其他岗位沟通，从这个工作思路开始分析，才能将与产品开发相关岗位的职责、任务、过程和工具梳理清楚。在这个过程中，还需要不断借鉴组织内外，特别是组织内的优秀实践经验。从这一步开始，产品经理对其他人的要求明确了，自己工作的标准和产出也明确了。

其次，应该提高评审的能力和质量。这个难度也不小，我们通常认为评委都是胜任的，都是有经验的。但真的到了评估节点上，会发现原来的想法是错的。因为评委之前按照经验评价就可以了，现在需要在IPD的每个商业评审节点和技术评审点上说出自己的专业意见，这个真的变难了。对于组织来说，一定要细化评审点：每个评委应该如何评价？如何才是好的评审，这个也需要培训和培养。组织也是逐步试错迭代做好这一步工作的。

再次，就是要注意找堵点。什么堵点呢？比如产品开发做得不错，但是新产品推广的制度很差。和老产品一样，还需要有专门的人去区域拓展，告诉大家如何卖，如何和其他的产品集成方案卖，卖出去了之后每天还有一大堆的咨询服务,要有人去管理这些事情,必要的时候还要和产品规划去协调下一步如何改进。如果你的产品技术含量很高,你还要考虑创新方法的引进,这样你的产品才更加有竞争力。这个时候,从需求开始,到概念、计划、开发验证、生命周期管理再到退市,全部改变了,基于什么改变的呢?基于组织规模扩大了之后,集成产品开发的能力,组织所需要的人才、流程和工具的升级,涉及产品、营销、市场、供应链、服务、质量、财务等诸多环节的重新设计和运营,这些岗位都是革自己命的改革,没有企业家的强力支持能实现吗?不可能!这也是为什么这些尝试落地IPD的组织往往会以失败告终。

最后,我们以华为引入IPD的简要例子来说明其过程的难度。1999年,华为在国际商业机器公司(International Business Machines Corporation,IBM)的帮助下导入IPD流程。IBM专家首先要求华为研发人员对其业务流程"活动"进行分解,后者经过整理提交了12项"活动",包括需求描述、概念形成、产品初步设计等。IBM专家认为,这是12个阶段,而非"活动",要继续细分。随后,华为提交了200多项"活动",IBM专家认为提交的是任务,而非"活动"。于是,华为与IBM专家一起工作,对流程进行深入分析,最终识别出2000多项"活动",然后在此基础上再进行重新组合、设计,最终研发周期被大幅缩短。

说完产品集成开发,第三个例子来讲战略管理。战略管理的不同等级,笔者也都亲身经历过。

等级1的战略管理是什么样的?主要领导根据现实情况,写一些想法,有的激情澎湃一些,有的乏味一些,写完后还会集中起来发布。但往往没有核查流程,也没有前期调查流程,大部分都是基于脑中的想法。显然,这样的状况无论叫战略管理还是叫计划管理都无所谓,因为现实不可能和此"战略"一致,也没有人知道该如何去执行这些"规划",更

组织的演进→

不用说这些"战略"背后的假设和思考。

等级 2 的战略管理是什么样的？此时引入了战略管理流程，从战略的预备会，到战略总结、找差距、找原因、找新机会、形成新一阶段的战略规划，战略中期回顾都会做。看起来像那么回事，但是仍然很难实现，很多动作都在重复，也都有步骤地进行，可惜就是不见效果。

那等级 3 的战略呢？是将其设计为一连串可执行的行动，你别小看这个过程，这是很难的。第一，可连续的行动说明组织已经有可以相信的能力了，例如只要渠道能够打开，产品就可以卖出去，这说明渠道管理水平可信了，在渠道的识别、培养、做大规模方面都有了一套行之有效的方法。这说明在渠道管理方面，人才、政策和流程、工具都很成熟了。第二，战略执行过程中管控的收放比较自如了，在每个战略执行的核查点都知道如何调节。各类战略会是很难开的，如何收集各类不同群体意见，什么时候收集，如何组织讨论，如何组织改进和落地，都是非常有讲究的。第三，与战略执行相关的数字化能力到位了。这个讲的是基础设施，例如客户需求管理、产品改进、回款、客户服务能力都被数字化赋能了。

这一部分主要讲了 3 个例子，通过例子让读者了解组织在任何一个专业领域[①]都是有成熟度等级的，等级 2 到等级 3 是组织管理的涅槃之战，是组织管理升级。整合知识和组织行为聚集成组织能力的关键是每个组织需要去定义和实现的，它是靠组织自己去定义的，是组织自己业务的变革，不仅要自己定义，还要在组织内部落地。

---

① "专业领域"一词可大致对应能力成熟度模型中英文 process area，该英文一般翻译为过程域，考虑到其在中文语境的易用性，本书一般采用专业领域。

1.2.3 成熟度改进的选择策略

通过上面 3 个例子，相信大家基本了解了在组织领域实现等级 3 变革，就是一场呕心沥血的历程。那么，组织应该如何做呢？

笔者认为，第一步应该从组织的优势能力做起。因为人才和资源都在优势能力上，例如组织的渠道能力强，那你就审视渠道管理的人才、政策与流程及工具是什么，是不是已经达到等级 3 了；如果没有，应该基于这些问题去考虑差距：如何才能高效达到等级 3？和自己比，如何每年实现不低于 30% 的增长？和其他同行比，如何构建组织渠道管理的核心竞争力和特色？

第二步是要抓主要矛盾，抓主要流程，要看它们的效益。我们要的不仅是在组织某个领域等级 3 的管理，更是客户收益和组织收益。因此，盯住主要流程建设至关重要。是从战略到执行，还是从营销到线索？是从线索到现金，还是从故障到解决，抑或是人才管理和财务管理？这是组织领袖必须回答的问题。

第三步是要培养干部。能达到等级 3 管理水平的干部，在组织的任何领域都是稀缺的。领导要亲自筛选年轻人，给他们机会。刚开始可能让他们在 1 个变革项目中历练，慢慢演变为 2~3 个。

第四步是持续地向外部学习。这个要和培养干部结合起来，要用学习来推动组织内部认知的"松土"，向外部有实际经验的组织学习，和他们交流。

第五步是有效利用降低成熟度的方法进行改革。历史上多次集权的改革以及改革从用对人开始都告诉我们：随着成熟度的增加，复杂度会出现，如果环境出现重大变化，这个时候就有可能需要利用降低成熟度的方法来实现变革，即抛弃原有的繁文缛节，从关注社会变化，关注客

组织的演进

户需要开始，利用人才打破原有的掣肘，实现新的成长。

本小节到这里就结束了，下个小节我们将从组织成熟度的视角来看人力资源在不同成熟度的对应专业领域和实践内容。基于这个成熟度框架，每个组织都可以找出其在不同阶段聚焦于人力资本的管理和流程策略。

1.3 组织进化之路

组织进化有三个视角：组织本身如何得到发展，组织中人力资源活动以及组织流程的管理水准。我们首先以人力资源管理实践的成熟度为主线进行讲解，然后再结合组织和流程的视角进行总结。

有远见的组织领袖都知道，组织发展的最终目的仍旧要回到人的发展上来。人一辈子的黄金时间都是在组织中工作，一定要向组织中的人力资源进行投资，形成人力资本，也是实现个人的成就与成长。组织的投资与社会、家庭联合起来的教育投资不同，它一定是要追求效率的！那是否存在这样一条高效率的路线图，能够帮助组织在业务发展的过程中，实现组织与人力资源的共同发展、繁荣呢？

本节就尝试阐述这样一条道路：在不同的阶段，如何开展人力资源管理，采取适合组织阶段的策略，不断地投入时间和各类资源，使之形成组织不同阶段的人力资本，进而形成竞争优势，并形成可以复制的模式。

1.3.1 随机发生

组织刚刚创立的时候，不一定有专门的人力资源岗位。但无论怎样，组织总要发薪，总要开会，总要招人，这些就是基础的人力资源管理工作。

有的组织创立时，已经自带了大量的投资；有的组织创立时，只是得到了一个项目机会。无论如何，这个时候的工作大部分靠少数人之间的协调来完成，有资源的利用资源优势，有知识的利用知识优势。此时由于人数少，还称不上有序的人力资源活动，目的是活下去。如果从这个节点看人力资源的管理策略，就是建立领导机构，培养核心管理者，一旦核心管理者逐渐成熟起来，能够推进业务的发展，这个时候无论是否设置"人力资源"这个部门，都可以认为这个时候的组织是持续存活的。有的组织，终其"一生"，都会处在这个阶段，有的组织可能会搭上时代的列车而规模发展得很大。在这种情况下，人力资源本身的定位就是执行组织领袖的命令以满足组织生存需求。

1.3.2 专业主义

随着组织规模的扩大，专业人士开始进入组织，他们带来专业知识，用专业知识来建设或改造原来的流程、惯例，以满足业务发展的需求。之所以叫专业主义，其有两个含义：一是有专职人员从事人力资源这项工作，组织有资源在这些方面进行聚焦，使得这个领域开始建立流程；二是这个阶段的 HR 工作是相对独立的专业领域，是相对被动接受需求的，有明显的专业深井限制，与业务的结合不紧密。那么在这个阶段，组织一般需要在人力资源的哪些领域进行聚焦呢？

第一个领域是招聘与人员配置活动，一般是指建立一套正规的程序，确保业务部门所承诺的工作与其资源相匹配。通过这一干预过程，合格的人员被招聘、选拔并配置到岗位上。这个专业人力资源管理活动之所以重要，并被放在组织重点投入的范畴，主要原因有：招聘活动质量的高低决定了组织人才的基线；能够解决人员配置质量和数量不足，并提供关键解决方案；是组织绩效得以实现的基础。更重要的是，招聘与人员配置活动能够赋能组织承诺文化，并有效控制超负荷工作，能够带来员工满意度。

组织在进行人员配置活动时，需要关注以下四个目标：一是个人和团队参与其所在部门的工作量分配讨论，通过平衡工作量来确定招聘需求；二是公开招聘员工；三是根据对能力的评定和其他有效的专业标准，做出招聘决定以及工作分配；四是以有序的方式将员工调入或调出岗位。

设定以上四个目标，主要是为了解决组织中常见的人员招聘与配置问题。讨论工作量平衡来确定招聘需求，主要是解决量化的评估工作量，而不是靠一个人"拍脑袋"。通过工作量的量化讨论，使超负荷工作在一线得到关注和控制；通过工作量讨论，让员工进一步有责任感，有主人翁精神，乃至看到自己的发展机会，这正是在组织内部讨论工作量的原因之一。当组织资源缺乏时，尤其需要这样的活动来激发内部的活力。通过讨论，也能看清楚当前人力资源的知识、技能差距，并采取满足当下知识、技能培训的措施。同时，清晰地描述招聘需求，可以为明确的招聘标准奠定需求。

公开招聘员工主要为解决三个问题：一是没有明确的职业发展通道，新的招聘需求就是内部员工的一种发展机会，组织要及时予以提供；二是将有限的候选人在组织内部资源共享；三是公开招聘使业务需求部门参与招聘的机会增加，会有人直接找到需求部门来沟通，有利于需求部门提升参与度，这一点是非常需要被持续关注的。

按标准做出招聘决定和工作分配主要解决三个问题：一是如何在当前的条件下确定招聘的资格标准；二是如何根据标准确定对应的评估流程；三是如何让优秀的员工参与到选拔优秀员工的过程中来。**强调员工有序地调入和调出主要聚焦于解决三个问题**：一是专业的招聘流程一定是有效的，不可能招聘不来候选人；二是要求员工进入组织后由人力资源部门安排其熟悉环境，承担工作；三是如果发现招聘到的员工无法胜任工作，要及时调换岗位或者有序地安排员工离开组织。

当我们从人力资本管理的视角再来审视招聘流程时，会发现其和人力资源管理视角有很多不同。主要不同之处在于：招聘决策注重员工的参与，注重为员工提供发展机会，注重员工的责任感和参与度；注重在绩效承诺这个前提下开展工作；注重员工能力的动态平衡；根据组织现状，做到实事求是地、有序地解决员工调入和调出问题。更重要的是，可以让员工流动和组织业务管理进行有机融合。

在第二个领域，我们来说管理绩效，此领域旨在建立可供业务部门、个人对照承诺的工作衡量工作表现的指标，并且依据这些指标讨论工作绩效，从而达到持续提高工作绩效的目的。同样地，从人力资本的视角看管理绩效的话，其重点就不仅仅在于绩效评估一个环节，而是建立了组织这个持续改进绩效的系统。通过人力资本管理视角，组织才能在员工技能改善、工作流程和资源配置优化等方面进行持续讨论和改进，并促进绩效的提升和获取。

系统的绩效管理有四个目标：一是书面记录部门、个人与承诺工作相关的绩效目标；二是定期讨论承诺工作的绩效，以制定、调整下一步措施；三是管理绩效实现过程中出现的问题；四是认可并表彰卓越的绩效。

设定以上四个目标主要是为了解决组织中常见的管理绩效问题。书面记录部门、个人与承诺工作相关的绩效目标主要解决组织中的以下问题：以指令代替目标，部门和员工缺乏责任感和目标感；尽量用量化的指标来评价人的绩效而非主观地评估；开展定期评审目标活动，以免目标过时。定期讨论承诺的工作绩效以制定、调整下一步措施，主要聚焦于：持续地关注以保障目标的正确性和上下一致性，聚焦于目标的实现而非讨论员工的个性；组织持续关注提升和改进的机会。管理绩效实现过程中出现的问题主要是为了保障：流程的公平性；员工有申诉之机会；组织面对问题并着手解决，而不是避而不谈。认可并表彰卓越的绩效，主要解决组织的一个重要问题：按照一致的操作准则，及时地表扬、认同及奖励，打造组织内部的公平性和激励文化。

当我们从人力资本管理的视角来看待绩效流程时，就要关注改进而非评估，关注持续的、清晰的指标而非领导指令，使得各个专业领域的工作者能够聚焦在自己的专业领域努力，而非根据指令来回变动。

以上两个领域是在专业主义这个阶段，必须由组织主动建设组织能力，进而发动各类资源（时间、资金、制度建设、对失败的总结与反思等）聚焦的专业领域，既聚焦于在各个领域需要做出杰出绩效以满足客户与竞争需要的人才，也聚焦于这些领域的人力资源活动（招聘与配置、绩效都是需要管理者花较大精力去从事的基本活动）。在这两个专业领域的建设中，要设定对应的目标，解决组织中的人才配置和管理绩效问题。需要强调的是，这两个领域的改进必须解放思想，实事求是；必须从组织领袖开始，身体力行，为组织中所有的管理者做出榜样，才有可能实施成功，这两点可以称为组织人力资源管理的基本功，也是观察一个组织是否拥有合格人力资源管理基本功的风向标。

除去以上两个领域，还有四个专业领域，分别是沟通与协调、培训与发展、薪酬管理和工作环境。这四个领域从人力资本管理的角度看，可以作为在专业主义这个阶段的第二优先级。之所以说是第二优先级，是基于重点聚焦有限资源的需要。在人员配置和管理绩效的过程中，也会多少涉及与这四个领域关联的内容。第二优先级不是说这些领域不重要，而是随着组织越过专业主义阶段，由于业务变革会对培训与发展提出更高的、深入业务的要求，使之成为激发生产力发展的主要方式，那么在业务变革阶段，它就会升级为胜任力分析，进而通过培训与发展的方式成为那个阶段重点关注的专业领域。沟通与协调亦然，它会成为团队建设的基础方法并被重点关注。但在专业主义阶段，我们优先建议将组织资源导向人才招聘与配置以及管理绩效。下面我们来看第二优先级的四个领域，仅描述其定义、目标及对应的解决的问题。

沟通与协调旨在保证组织内部信息及时交流，员工有互相分享信息及有效协调活动的技能。一般来讲，沟通与协调设置三个目标，分别是：第一，组织内部信息是共享的；第二，个人或者团队可以提出他们关注的问题，这些问题应由管理层进行处理；第三，个人及团队协调他们的活动以完成承诺的工作。其中信息共享主要应对三类常见问题：一是价值观不清楚；二是员工无法得到公司内部的、工作所需的重要信息；三是缺乏双向沟通的渠道建设。强调管理层处理个人或团队提出的问题，主要是为了解决日常工作中员工、团队的不满、恐惧心理，以及要求管理层持续跟踪并解决员工与团队关注的问题。个人及团队协调他们的活动以完成承诺的工作，主要是培养员工基本的沟通、协调技能，特别是掌握会议管理的技能，在组织中杜绝低效会议。

培训与发展旨在保证员工具备完成工作所需的工作技能并提供相关的发展机会。它在这个阶段的目标设定只有两个，分别是：员工根据部门培训计划，及时接受完成工作所需的培训；员工能够通过工作追求发展的机会，从而实现个人职业发展目标。前一个目标强调组织本身应该事先识别培训计划，及时开展培训，避免员工自己无力应对承诺的工作，这一点和前面的管理绩效是一致的。第二个目标主要关注通过个人的积极主动，能够在内部讨论并获得发展机会。

薪酬管理旨在基于员工对组织的贡献和价值为员工提供相应的薪酬和福利，包括薪酬管理的策略、薪酬管理的计划及薪酬管理的决策三方面内容。一般设定三个目标：计划并执行薪酬策略及活动，并向员工传达；薪酬是与一定的技能、资质和绩效相关的；薪酬调整基于明确定义的标准。组织的薪酬策略和人才配置中的人才策略其实是绑定的，这种绑定基于业务周期，也基于组织本身的选择。因此公开向组织内部讲述薪酬策略是有益的，有助于与人才配置策略同步，进而稳定组织内部的员工关系，同时为未来演进提出方向。在薪酬策略的基础上，实现外部的竞争性和内部的公平性，并在这两个考量中进行调整。从这个角度看，外部竞争性并不是和外部的平均水平比较，而是和组织期望设定的水平比较。最后一个目标是要求组织在实施调整的过程中有明确的流程，以绩效评价作为重要参考并及时沟通调整情况。

工作环境旨在建立并维护一个良好的物理环境，提供资源使员工及工作组可以高效率、不分心地完成工作。这一部分工作在国内往往属于行政管理范畴，不属于 HR（Human Resources，人力资源）范畴，但这是一个与员工工作感受相关度高的领域，因此一并纳入考虑。当我们说工作环境时，是指不同类型的员工开展工作所需要的环境和工具，是被认真分析后按标准配备的，并能够及时地维护及跟随时间进行改进和提升。一般设定两个目标：一是提供物理环境及资源，以便员工完成工作任务；二是尽量减少工作环境中的干扰。很多人认为这个不重要，其实这一点在阻碍工作效率中往往非常明显：供给不及时、环境与工具不具备、工具性能低下、存在有害因素、干扰过大都是工作环境中常见的问题。

专业主义是一个初级阶段。在这个阶段中，HR 这项职能以一个专业领域出现，对业务的主动影响较小，主要在自己的专业领域内开展工作。因此从组织视角看，这个时候的要求是 HR 能够按照专业原则开展工作，达到各个领域设定的目标，解决组织中常见的问题。如果从投入产出的角度看，一般来讲，投入组织精力和资源到人员招聘与配置、管理绩效方面，对组织来说是收益最大的领域。但仅仅是上述两个领域的投入，很难对组织产生系统性的、改变全局的影响。如果要达到整体效果，则需要能够找到真正高水平的人将组织带领到下一个发展阶段。

要想达到更高的成熟度，组织就要有计划地跨过专业主义，到成功的业务变革阶段。我们在后续组织成熟度的环节也会讲到，这个跨越对组织管理来讲，跃迁是最大的，是管理组织成熟度的"涅槃之战"。

1.3.3 业务变革

一定有读者会问，这部分讲什么样的业务变革呀？也有人会问，讲人力资源怎么讲到业务变革，这是不是跑题了？我们先举两个例子，在本节的最后再予以说明。

首先来看一个互联网组织的例子，阿里有名的"中供铁军"，他们在拜访客户时的资料准备（见图 1-4）。

很多人对此会大吃一惊，原来一个客户拜访的资料准备竟如此复杂（而这只是一个目录，实际的情况会比这个更深入且是可落地执行的）！这才了解铁军之所以为铁军的原因所在。这样的准备程度和毫无准备的客户拜访取得的效果能一样吗？显然是不一样的！这就是业务变革后的状态！没有这些业务变革，HR 不存在从专业主义跨越出来的必要条件，只能在自己的专业深井中"坐井观天"。

首先说这样的业务变革，更确定地说是业务流程细化带来了什么改变。第一，招聘人员的标准大大降低了，如果流程细化到这个程度，一般的高中生都能完成。组织招聘的人力资源池是不是被大大扩展了？第二，如此细化的流程能强化对候选人的吸引力，因为候选人知道，即使你给的待遇低一些，但经过短期的培养，员工个体在市场上的价值会急

组织的演进→

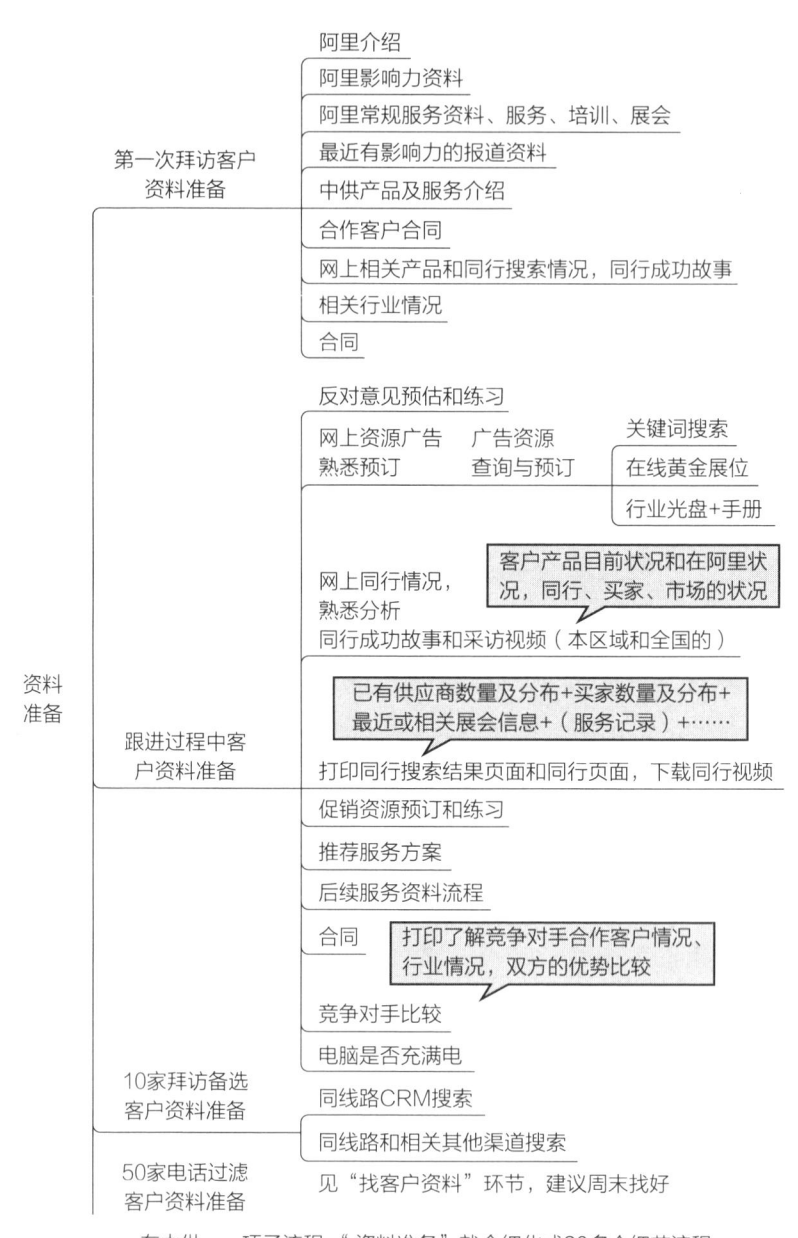

```
                          ┌─ 阿里介绍
                          ├─ 阿里影响力资料
              第一次拜访客户 ├─ 阿里常规服务资料、服务、培训、展会
              资料准备      ├─ 最近有影响力的报道资料
                          ├─ 中供产品及服务介绍
                          ├─ 合作客户合同
                          ├─ 网上相关产品和同行搜索情况，同行成功故事
                          ├─ 相关行业情况
                          └─ 合同

                          ┌─ 反对意见预估和练习
                          │  网上资源广告    广告资源       关键词搜索
                          │  熟悉预订        查询与预订     在线黄金展位
                          │                              行业光盘+手册
                          │
                          │  网上同行情况，   ┌客户产品目前状况和在阿里状┐
                          │  熟悉分析        │况，同行、买家、市场的状况│
              跟进过程中客  │                └─────────────────┘
              户资料准备    │  同行成功故事和采访视频（本区域和全国的）
资料                       │  ┌已有供应商数量及分布+买家数量及分布+    ┐
准备                       │  │最近或相关展会信息+（服务记录）+……     │
                          │  └────────────────────────┘
                          │  打印同行搜索结果页面和同行页面，下载同行视频

                          ┌─ 促销资源预订和练习
                          ├─ 推荐服务方案
                          ├─ 后续服务资料流程
                          │                ┌打印了解竞争对手合作客户情况、┐
                          ├─ 合同           │行业情况，双方的优势比较    │
                          │                └──────────────────┘
                          ├─ 竞争对手比较
                          ├─ 电脑是否充满电
              10家拜访备选 ├─ 同线路CRM搜索
              客户资料准备  └─ 同线路和相关其他渠道搜索

              50家电话过滤  ── 见"找客户资料"环节，建议周末找好
              客户资料准备
```

在中供，一项子流程"资料准备"就会细化成20多个细节流程

图1-4　阿里铁军拜访客户的资料准备

资料来源：俞朝翎，《干就对了》。

剧升值。第三，培训工作变得简单，员工自己学习，自己看之前的案例就好，人才培养的周期从不确定的数年能够缩短到 3 个月左右。第四，员工发展不再是一句空话，只要组织有机会，员工是可以根据这些细分专业路径一路升迁的。第五，当专业流程细化到这个程度，行政领导想擅自修改流程，用指令来指挥的难度就大大增加了，专业人员的地位得到尊重。第六，组织的创新有了基石，员工可以在这个基础上进行创新，进而帮助组织进入不断创新的循环中去，组织在业务中的人力资源此时被激活了。

上面是一个销售的例子。接下来说一个笔者作为项目经理开展的关于商业机会洞察的例子。针对组织内的行业营销经理和产品规划经理，我们来看其框架设计（见图 1-5）。

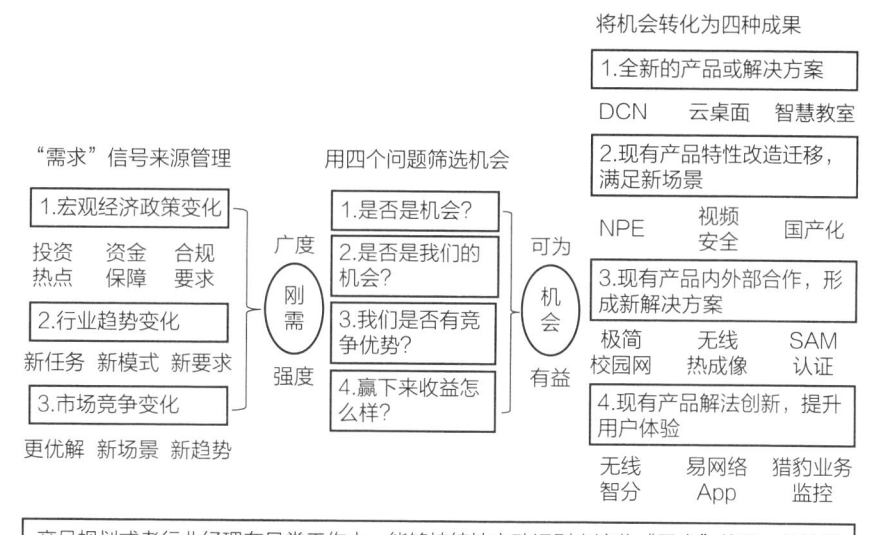

图 1-5　行业营销经理与产品规划经理商业机会洞察任务框架

资料来源：笔者绘制。

组织的演进

对于行业营销经理和产品规划经理来讲，每个机会的分析都应按照这个结构来，组织提供模板，提供案例，提供在流程难点、关键点中的常用知识、技能与工具。有多少初阶产品经理不能够3个月左右学会呢？而这些涉及公司创新和营销建设的流程一旦如大河奔流般运行，组织的效率怎么会不提高？组织能力如何会不显著提升？对人力资源的要求就超越了专业主义，就到了流程能力和人员胜任力的层面。

这个业务变革难吗？非常难！前面我们以华为 IPD 流程变革为例进行了说明，最初华为整理出来的阶段只有 12 项，在 IBM 专家的要求下整理出 200 多项任务，但最后真正实施的活动是 2000 多项。只有在这个颗粒度下，组织才"削足适履"，达到国际一流的水平。华为也借助于这个流程的成功实施，掌握了组织变革的能力。

那么这些业务流程的变革与 HR 有关系吗？是 HR 牵头的吗？一般来讲，核心业务流程一定是由业务部门牵头居多的，这个时候也是 HR 最容易掉队的时候。但如果你的组织还没有开始这样的改进，那 HR 不妨与优秀的业务负责人合作，在小范围内试点。如果 HR 一号位作为项目经理与 CEO 配合在组织内部开展此类的改进，则是对 HR 发展更好的事情。干部管理、营销管理、产品创新都可以成为 HR 牵头的业务变革项目。HR 在这个阶段要作为重要变革参与者的角色出现，因为 HR 要将这些变革项目中涉及的流程与相关岗位的胜任力分析、发展结合起来，才能落地，才能形成持续的人才梯队和正确的文化。

这一部分开头我们用较多的文字来描述业务变革这个过程，来说明业务变革对 HR 的影响。在这个过程中，HR 扮演战略伙伴和变革支持者的角色。从组织视角来看，这个阶段的聚焦策略是投入为客户产生价值的核心流程、人员和工具上来，HR 在这个阶段的专业活动，主要包含以下几个方面：

第一个优先级是胜任力分析与胜任力发展，进而有效地实施员工的职业发展。员工发展迭代升级后，要考虑团队的开发，进而全面实现业务变革，使组织的人力资本管理策略累积成流程、工具和技能的升值，转化为客户端的成果。基于这个框架来开展人力资源规划活动，激发参与文化，同时对专业主义阶段的实践进行升级迭代。

第一，我们来看胜任力分析。胜任力分析旨在识别组织进行经营活动时所需的知识、技能以及过程能力，进而将它们加以开发并用作人力资源管理活动的基础。我们讲的胜任力是指人员胜任力，是员工为完成组织的某一类型工作而应具备的一系列知识、技能和过程能力。从流程的角度看，它又是员工执行流程所必需的；从组织的视角看，某些流程被组织中某几类专业人员高质量地执行，便形成了组织的核心竞争力。

当我们讲胜任力分析时，它涵盖的范围包括以下三个目标：一是定义并更新组织经营活动所需的人员胜任力；二是对人员胜任力所使用的工作流程进行定义并加以维护；三是组织追踪其每项胜任力上的能力。如果用更通俗易懂的语言来描述，则是这样的：完成组织的任务需要哪些人员执行什么任务？如何定义这些任务的执行流程及标准？目前人员胜任力和定义相比较，胜任力的情况如何？通过这样的分析，就建立起了一个基于人员胜任力分析的组织框架，同时对任务的执行进行定义，并定期追踪员工的达标情况，使之形成改进闭环。当人力资源以此为框架开展工作时，它便完成了 HR 与业务的融合。

第二，我们来看胜任力发展，它旨在持续地提高员工完成职责的能力。一旦基于组织核心流程的胜任力框架开发出来，组织对人员胜任力的提升就会极为关注，因为这和组织的绩效紧密相关，是组织愿意加大投资的领域。因此组织期望其成员不断地突破，持续刷新。

在一般情况下，组织会为胜任力发展确定三个目标，分别是：组织为员工提供机会来发展其人员胜任力；员工按照组织的人员胜任力来提升自己的知识、技能及过程能力；组织使用自身的员工能力资源来发展其他员工的人员胜任力。通俗的表述就是：组织主动创造各种各样的机会来发展员工胜任力（工作分配、交流、设置导师、知识库学习等）；员工抓住一切机会来发展自身的胜任力；组织为整体的人员胜任力发展提供支持，包括胜任力团体、各类委员会以及对应的知识库。员工在发展过程中会有标准可遵循，得到具体的，基于案例的和基于细节的反馈，在获得绩效和发展的同时，也为自己的职业发展铺平道路。

第三，我们来讲员工的职业发展，旨在给员工提供发展人员胜任力的机会，帮助其实现职业发展的目标。由于是基于核心业务流程被定义，并与岗位的职责、任务相结合，因此员工发展在这个时候才开始脱离"行政管理"这条道路，而进入多通道发展之路，员工也更容易从一个岗位序列跳到另外的序列。

一般来讲，组织应该为员工职业发展确定以下两个目标：组织提供能促进其人员胜任力发展的职业发展机会；员工通过自身的职业发展（包括知识、技能、过程能力）来提升自身对于组织的价值。到这里，由于员工的发展已经定义化、标准化，双方基于职业发展的认知一致性大大提高，人员胜任力发展的效率已经不会成为瓶颈，组织能力的开发成为可能。

第四，我们来讲工作组（团队）的开发，旨在围绕提高过程能力来组织工作。也就是说，从人员胜任力角度和流程角度进行分析之后，纳入日常工作的场景（例如项目组、变革团队等）中，还是要涉及不少的剪裁和协调工作，基于此，工作组的开发是必要的。

一般来讲，组织应该为工作组的开发确定以下四个目标：一是为了优化相互依赖工作的绩效而建立不同的工作组；二是工作组通过剪裁标准流程和角色来制订计划和开展工作；三是工作组的招聘活动关注点集中在组织人员胜任力的分配、发展和未来的部署方面；四是工作组的绩效是按照文档化的承诺的工作目标来管理的。

在人员胜任力被分析和发展之后，工作组的组建本身会自然拥有组织的流程及对应资产，为不同专业间的协同创造了最小化依赖条件，为不同工作组、不同专业间的组织机构设置提供了量化的参考标准。同时，不同专业人员组成工作组时，对每个成员的人员胜任力是清楚的，有利于定义其角色及不同专业间的接口，按照工作组的工作场景应该进行哪些剪裁也是可以清楚识别的。此外，工作组的人员选拔、解散、资产管理、管理绩效也更加清晰和有依据。

以上4个专业领域是在业务深入变革时期，HR管理活动可以重点投入的领域。在这个阶段，业务负责人通常是变革的发起方，HR是支持方，是重要参与方。除了这4个领域，还有3个领域可以作为第二个优先级，分别是参与文化、人力规划和基于胜任力的实践（人员胜任力确定后对专业主义阶段改造提升）。下面分别介绍。

参与文化旨在使组织对影响其经营绩效的活动作决策时，能运用全体员工的智慧和能力。在专业主义阶段，仅强调沟通与协调；在这个阶段，由于员工具备了对应的专业能力，因此也应该具备专业的决策权，在这个时候鼓励员工参与对应职责的决策是合理的，是组织进化之路上的必然选择。

一般来讲，参与文化在组织层面会确定三个专业目标：一是经营活动和结果的信息在整个组织内广泛地沟通；二是决策的制定能够授权到组织合适的层级；三是员工和工作组参与结构化的决策制定过程。只有实现了这样的目标，更进一步的高密度人才团队才成为可能。

人力规划旨在在组织层级以及业务部门层级来协调人力资源管理活

动，以满足当前及未来的业务发展需要。这里主要是指战略目标与人员胜任力目标的量化对比，也就是回答人员胜任力在多大程度上满足战略需求，在不满足的部分应该开展哪些活动来实现。

一般来讲，组织为人力规划确定三个目标：一是组织应定义每个人员胜任力方面的量化发展目标；二是组织规划当前及未来的经营活动所需的人员胜任力；三是业务单元按计划开展人力资源管理活动来满足当前及战略的胜任力需求。

基于胜任力的实践旨在确保所有人力资源管理活动是支持员工的胜任力发展的，是在定义人员胜任力后对上一个阶段活动的重新设计。主要有三个目标：一是人力资源管理活动聚焦在提升组织在其人员胜任力方面的能力；二是业务单元的人力资源管理活动鼓励并支持个人和工作组开发并应用组织的人员胜任力；三是组织设计薪酬策略以及认可和奖励实践活动，以鼓励发展和应用其人员胜任力。也就是说，招聘、培训与发展、薪酬要参照人员胜任力标准进行重新迭代升级。

在业务变革阶段，HR 的实践领域主要是上述内容。从组织人力资本管理的视角来看，此处也分了两个等级，主要关注的是构建基于核心业务流程的人员胜任力，继而发展这些人员胜任力，同时便发展了工作组建设能力和员工的职业生涯。人力规划、参与文化和基于胜任力的实践被看作水到渠成的工作。

在本节的最后，我们来解释本节讲人力资源的成熟度时为什么会提到业务变革。HR 业务本身作为组织流程的一个大类，也是可以率先实现变革的，并不是说只能等着主要业务来变革（就像我们前面提到的率先进行干部管理的变革，政府、组织变革率先从选拔人才开始等都是这方面的例子）。但从人力资本管理的视角出发，笔者认为率先选择 HR 这个领域来开展业务变革，是在商业领域资源相对紧缺阶段比较少见的管理策略，故而这个阶段沿用了业务变革的说法。

1.3.4 适者生存

有不少人认为，达到业务变革这个层级就可以了。但从专业的角度看，确实还有进步的空间，亦有重点聚焦之价值。基于此，我们来阐述第四个级别：适者生存。在这一级别，共有 6 个专业领域，分别是导师制度、赋权的工作组、基于胜任力的资产、胜任力整合、组织能力管理和定量的管理绩效。在这个级别，笔者不再推荐优先聚焦领域，而是根据各个组织的实际情况来开展相关人力资源活动，且达到这个阶段的组织已经有能力自行判断。

导师制度旨在传播人员胜任力中的经验，以改进其他个人或工作组的胜任力。与一般概念上的导师不同，这里的导师具备帮助组织提升人员胜任力的能力，并参与基于胜任力的资产的建立和维护。通常组织在这个领域设置两个目标：一是建立并维护导师制度，以达成定义的目标；二是导师向个人或工作组提供指导和支持。此时导师在组织中发挥非常明确的专业权威职能，其对业务过程和人员胜任力的影响大大解放了"行政管理者"一般意义上的绩效与成长辅导活动时间。

赋权的工作组旨在赋予团队职责和权力，让其决定如何最有效地开展自身的业务活动。当在等级 2 的时候，团队是依靠协调技能的；到等级 3，使用了让员工去剪裁流程以达到协调的作用；在等级 4，领导开始无为而治，由团队成员决定如何有效地开展活动。一般来讲，组织在这个领域设置三个目标：工作组对工作流程负有责任，并被赋予权力处理工作过程中的问题；组织人力资源管理活动，鼓励并支持赋权工作组的发展及其工作的开展；赋权的工作组在内部开展人力资源管理活动。

组织的**演进**→

基于胜任力的资产旨在获取在实施基于胜任力的过程中开发的知识、经验及工作成果等，用于提高能力和绩效。与上一个等级关注人员胜任力的开发活动不同，这个领域开始关注流程能力。一般来讲，组织在这个领域设置三个目标：一是基于胜任力的过程中收获的知识、经验和工作成果被纳入基于胜任力的资产中；二是基于胜任力的资产被有效地推广并利用；三是人力资源管理活动鼓励并支持开发和使用基于胜任力的资产。

胜任力整合旨在通过整合不同人员胜任力的过程能力，提升相关工作的效率及灵活性。在专业主义的时候，组织靠协调冲突的技能来解决问题；在业务变革之后，组织靠工作组内部的协调来解决问题。在这个等级，根据组织的经验，已经形成了整合的人员胜任力要求及对应的流程，也就是已经跳出了人际关系的解决方式而靠流程定义相互协调的规则。一般来讲，组织在这个领域设置 3 个目标：一是由不同人员所使用的基于胜任力的过程被整合到一起，以提高相互依赖工作的效率；二是将整合后的基于胜任力的新过程应用于包含多个人员胜任力的工作中；三是改进人力资源管理活动来支持多领域协同工作。这个过程是业务变革的必然，当业务流程在某一个领域被定义的时候，自然涉及流程的上游和下游，因此这些活动会逐渐被整合。需要注意的是，组织要跟踪这些组合并予以推广，使其纳入更新的人员胜任力。

组织能力管理旨在量化和管理员工胜任力，以及基于胜任力的关键过程。业务变革阶段我们讲人员胜任力发展，等级 4 主要讲通过遵循某一流程取得预期的一系列成果（这些成果有可能是为了适应变化，有可能是为了组织能力提升），更好地支撑组织绩效的达成。一般来讲，组织在这个领域设置四个目标：定量管理开发关键人员胜任力的进程；量化评估并管理人力资源管理活动对关键人员胜任力能力活动的影响；建立并量化管理关键人员胜任力的过程能力；评估和定量管理人力资源管理活动对关键人员胜任力所对应的过程能力的影响。一言以蔽之，这个时候具备了自主提升和适应环境的能力，可以面对适者生存的竞争环境。

定量的管理绩效旨在预测和管理基于胜任力的过程，以得到可度量的绩效目标。在专业主义阶段，关注的是员工个体绩效，采用定期反馈的方式来跟踪；在业务变革阶段，我们重点关注工作组的绩效，一般是在流程结束的时候；在适者生存阶段，组织已经具备在流程中随时关注流程绩效的能力从而适应内外部变化。一般来讲，组织在这个领域设置两个目标：一是针对那些能显著促进绩效目标达成的过程，建立可度量的绩效目标；二是定量管理基于胜任力过程的绩效。也就是说在这个阶段，绩效目标已经完全具备量化管理的条件，同时根据流程能力基线[①]，组织已经具备一定的灵活调整和持续改进的管理绩效能力。

1.3.5 持续优化

在这个等级只有三个领域，分别是持续能力改进、组织绩效的协调性和持续的人力资源管理革新。

持续能力改进旨在为个人和工作组提供一个改进的基础，以让他们持续改进其执行过程的能力。我们在等级 3 通过业务变革在组织内部建立过程；等级 4 实现了定量的管理过程能力，这个领域将在等级 4 的基础上持续实现个体工作过程和工作组工作过程能力的持续改进。一般来讲，组织在这个领域设置四个目标：一是组织建立并维护机制，以支持其持续改进基于胜任力的过程；二是个人持续地改进其工作过程方面的

---

① 基线（Baseline）是网球术语，也是软件术语，此处为软件术语的引申义。当为软件术语时，是指软件文档或源码（或其它产出物）的一个稳定版本，是进一步开发的基础。

能力；三是工作组持续改进其工作过程方面的能力；四是基于胜任力的过程能力得到持续改进。一言以蔽之，组织在个体胜任力、流程能力、胜任力发展的管理能力以及组织的资源和机制方面都是支持持续改进的。

组织绩效的协调性旨在加强个人、工作组以及业务单元的绩效结果与组织绩效以及经营目标的一致性。在等级 2 的时候我们关注个人管理；在等级 3，关注管理工作组绩效；在等级 4，演进到管理流程绩效；在等级 5，关注的是管理绩效的协调性。一般来讲，组织在这个领域设置两个目标：一是个人、工作组、业务单元以及整个组织的绩效协调性得到持续改进；二是持续加强人力资源管理活动在协调个人、工作组、业务单元及整个组织的绩效方面的影响。这样才能使整个组织方向一致、步调一致地实现高绩效。

持续的人力资源管理革新旨在通过识别和评估在人力资源管理活动与技术方面的改进或创新行为，并对有价值的活动进行推广。无论是偶然的改进，还是持续不断投入的改进，都应纳入组织持续改进的机制中。一般来讲，组织在这个领域设置三个目标：一是组织建立并维护机制，以支持其人力资源管理活动和技术上的持续改进；二是识别评估在人力资源管理活动和技术方面的创新改进行为；三是以有序的流程实施创新的或改进的人力资源管理活动和技术，使组织的人力资源管理活动做到"苟日新，日日新"。

1.3.6　小结

上述几个小节着重阐述了组织人力资源管理进阶路线和不同阶段的重点聚焦建议。这个过程我们采取了"成熟度—专业领域—目标（问题）"的方式，是为了使读者相对容易理解。按照组织成熟度模型，目标

（问题）之下还有一些实践内容的设置。在胜任力分析方面，我们把人员胜任力对应在了任务/活动层面，也是一个简化，由于这些内容过于细节化，因此在叙述过程中省略了。

组织成熟度作为一个方法可以运用到各类业务流程，它包含专业领域，专业领域向下抽象为各类组织的共性，进而描述实践活动（以人员成熟度模型为例，它有 5 个等级、22 个专业领域、87 个共性特征、499 个实践，对于读者来讲复杂度较高）。对应到组织维度，它其实帮助我们描述组织在该业务领域的人员能力，帮助我们确定专业领域建设目标，按照共性特征来实施或形成制度化流程，以及描述组织的管理活动。具体情况可参见图 1-6。

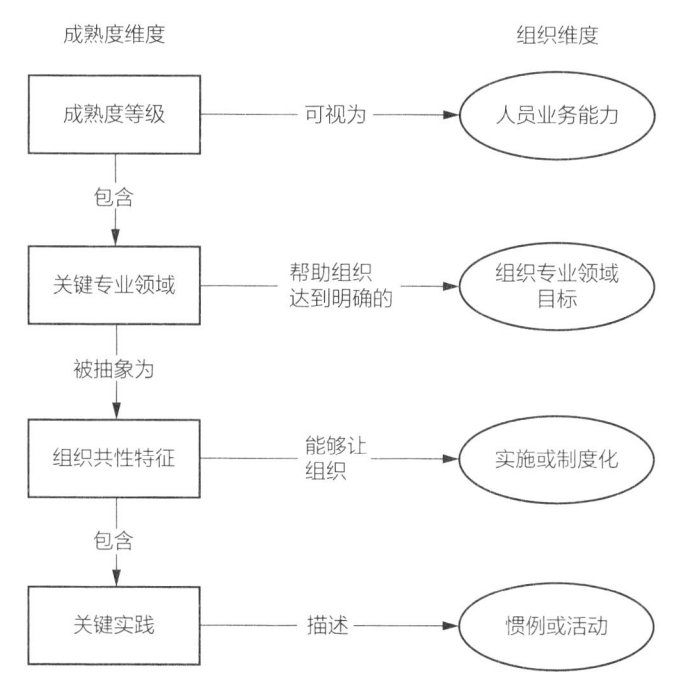

图 1-6 组织成熟度视角与组织视角的关系

资料来源：Bill Gates 等，*The People Capability Maturity Model*。

组织的演进

通过以上描述，我们建立了一个变革的路线图，告诉大家在不同成熟度的组织内应该关注哪些人力资源专业领域，采取什么样的重点聚焦策略是最有效的。每一个成熟度等级的达成都需要约3年时间的沉淀（激进的组织、有基础的组织可以将第一步目标设定为挑战业务变革），从而为HR的整体战略演变提供了丰富的路线选择，形成组织级人力资本管理战略，形成人力资本。同时这22个专业领域也可以分为4类，成为细分专业上的演进路线：第一类称为塑造人力资源，从人员招聘与配置开始到人力规划，再发展到组织能力管理，最后形成持续的人力资源管理革新。第二类称为激发和管理绩效，从最基础的工作环境、薪酬管理、管理绩效到员工职业生涯发展、基于胜任力的实践，进而发展到定量的管理绩效，最后实现管理绩效的协调性，增强从上到下的一致性。第三类称为开发能力和胜任力，从培训与发展演进到胜任力分析与胜任力发展，进而发展到导师制度和胜任力资产管理，最后发展到持续的能力改进。最后一类称为建设团队和文化，从沟通与协调发展到工作组开发和参与文化，进而演进到赋权的工作组和胜任力整合，最后也导向持续的能力改进（见图1-7、图1-8）。需要说明的是，图1-8是对People CMM过程域（图1-7）的改进。这一方面是为了全面采用组织视角，对等级的称呼进行了改进，另一方面是为了在等级2和等级3的过程域中显示出一条高优先级的路线（过程域加粗和箭头标识部分）。

有路线图不一定会成功，还要选择合适的时机，有合适的发起人和项目经理，甚至要有合适的顾问来帮助组织开展基于成熟度的选择，或基于专业领域的选择。要切记的是，变革不是一蹴而就的，每一次成熟度的改变都可以看成是变革。从现在开始，就是最好的时候。

第1章 组织与组织进化之路

等级	People CMM 过程域			
	开发能力和胜任力	建设工作组和文化	激发和管理绩效	塑造人力资源
5 优化级	持续能力改进		管理组织绩效的协调性	持续的人力资源管理革新
4 预测级	导师制度 基于胜任力的资产	胜任力整合 赋权的工作组	定量的绩效管理	组织能力管理
3 定义级	胜任力开发 胜任力分析	工作组开发 参与文化	基于胜任力的实践职业发展	人力规划
2 管理级	培训与发展	沟通与协调	薪酬管理 绩效管理 工作环境	招聘

图 1-7 People CMM 过程域

资料来源：人力资源能力成熟度模型介绍，卡内基梅隆大学软件工程研究所。

等级	从人力资源管理到人力资本管理的进化之路			
	塑造人力资源	激发与管理绩效	胜任力开发	建设团队与文化
5 持续优化	持续的人力资源管理革新	管理组织绩效的协调性	持续能力改进	
4 适者生存	组织能力管理	定量的管理绩效	导师制度 基于胜任力的资产	胜任力整合 赋权的工作组
3 业务变革	人力规划	基于胜任力的实践 **职业发展**	**胜任力分析 胜任力发展**	**工作组开发** 参与文化
2 专业主义	**招聘与配置**	**管理绩效** 薪酬管理 工作环境	培训与发展	沟通与协调
1 随机发生	生存第一，用其所长			

图 1-8 从人力资源管理到人力资本管理的进化之路

资料来源：笔者绘制。

组织的**演进**→

读者会问，我所在组织的人力资源活动目前处在什么等级呢？以笔者有限的观察，大部分组织无法完全满足等级 2 专业主义阶段的要求，会有诸多需要改进的地方；少部分组织开展了一些等级 3 乃至等级 4 的实践，但整体达到等级 3 成熟度的组织还是很少，一旦达到这个等级，我们就认为它的组织能力基本过关了，能对组织在人力资本方面的积累进行有效控制。

组织变革之所以有难度，是因为在各个不同的阶段，组织关注的人、流程状态、对组织协调机制的假设以及获取绩效的方式各不相同，见图 1-9。正是组织获取绩效采取的协调方式不同，我们才定义了组织成熟度这个概念，并区分出不同的阶段。

等级	组织进化之路			
	绩效获取方式	对组织的假设	关注的人	流程状态
5 持续优化	向创新要未来	组织巨大的力量蕴藏在群众之中	与组织流程执行能力提升相关的所有人	组织流程被定义、协调、剪裁、创新
4 适者生存	用能力适应变化	有组织能力才能适应环境变化	与组织重要竞争能力提升相关的所有人	实时重要流程数据反馈与调节
3 业务变革	向业务变革要成果	核心竞争力是取胜之本	组织核心竞争力提升涉及的关键人	关系组织核心竞争力的流程被分析、发展
2 专业主义	向人才要绩效	组织需要专业人士的贡献	部分管理者或专家	专业视角的流程，注重专业原则
1 随机发生	向领袖要生存	一切老板说了算	组织领袖个体	缺少流程，大多是根据情境的个人决断

图 1-9 组织进化之路，以组织成熟度为视角

资料来源：笔者绘制。

至此，我们看到组织进化之路是与组织假设、关注人员范围、流程

建设状态交织在一起演进和变化的，在不同专业领域（可以理解为不同专业流程）、不同团队中其状态也是不同的，但都可以评估、选择并采取对应的组织建设、人力资源管理实践、流程建设策略。

综上，当我们讲到组织时，对外展现的是其社会功能，对内是要提升不同的组织能力；当我们去看组织能力时，一方面是各类专业流程展现出的流程能力，另一方面是不同人之间的协调活动。因此，到这里我们可以完全引入组织成熟度概念，即组织成熟度是指拥有不同假设的组织，采取不同组织绩效获取方式下对应的流程与人力资源活动展现出的主要特征。由于各组织定义的竞争力不同，所以我们很难逐一描述其业务流程，故而该部分采取了描述较为统一的人力资源活动的方式。

首先，读者应该认识到，组织并不教条地存在一个百分之百属于某个成熟度的等级状态，例如组织可以既有老板说了算的情况，又有向专业人才赋权的情况，甚至这些专业人员还在核心竞争力方面累积了一些优势。因此判断一个组织、团队的成熟度在于抓主要矛盾，无须将所有表现与模型描述一一对应。传统的成熟度评估方法就是通过在实践层面一一对应判断的，这个判断只适用于专业的评估师，不在本书的考量范围之内。

其次，我们应该认识到，组织领袖对组织假设的改变是组织成熟度改变的最初动力，这也是它的难点所在。其中最难的部分是从专业主义到业务变革，因为这个时候要从信赖人转变为信赖流程，这是很多组织领袖难以实现的转变；与此同时，从原有业务变革逐渐走向成熟时，重拾专业主义的实践也是一个难点。

最后，不仅在一个法定的组织中，在组织中的某一个部门、某一个团队都可以使用成熟度的方法来实施改进。同时，组织的职能部门也可

组织的演进➡

以针对不同业务线的不同成熟度采取不同的管理策略。

  本章重点以人力资源视角，向大家介绍了组织、组织成熟度、组织成熟度视角的组织进化之路（以人力资源实践为主轴），对流程管理感兴趣的读者可以直接跳到附录《简说流程管理》章节去阅读。下一章我们将在组织成熟度视角下，对管理的演进以及对数字经济时代的意义进行阐述。

第 2 章
成熟度视角下的管理

上一章我们就组织、组织成熟度和组织成熟度视角的组织进化进行了阐述。本章将在成熟度视角下对管理进行阐述，表明在数字经济的当下以及未来，成熟度是组织在管理方面采取的有效方法。

2.1 管理概念 ABC

在管理理论中，关于管理的说法各不相同，这里仅根据哈罗德·孔茨（Harold Koontz）1980 年在《管理学会评论》上发表的《再论管理理论的丛林》中的内容做简单介绍。

过程学派把管理看作一个过程，能够通过对管理职能的分析建立起认知管理的理性知识体系。这个观点是偏静态的，所有事情都可以看成过程。

人类行为学派把管理等同于研究人与人之间的关系或者群体中人的行为，这个学派应该成为管理学的基础之一，但其还远不够覆盖管理的概念。

经验学派[①] 将管理看作一种经验研究，有时试图将其一般化。

决策理论学派认为管理就是决策，因而应集中研究决策问题。

---

① 经验学派这个词的翻译或许本身也需要考量，但不影响笔者如此来表述。

社会系统学派将管理看作系统来进行研究。

以上五类学派其实采用了一类模式，将 A 描述为 B，然后按照 B 的方式进行研究。显然每一类学派和管理本体都有大量交集，但显然每一类学派都不是管理本体。

权变学派认为，在组织管理中要根据组织所处的内外部条件随机应变，没有什么一成不变、普遍适用的"最好的"管理理论和方法。这种基于情景的定义没有错，但这和没说又有什么不同呢？

管理角色学派观察经理人的实际活动，然后对管理是什么得出结论。这意味着它信奉的哲学是存在便为真理，显然我们没有办法完全认同这个观点。

管理运作观点认为管理活动存在着一个核心知识内涵，诸如直线和职能、部门化、管理幅度的限度、管理评价以及各类管理控制技巧等，同时借用大量其他领域的相关知识。显然这个观点具有折中性，但它的内涵不够准确，外延又过于丰富了。

这些管理理论对我们认识管理都做出了贡献，但在组织中使用时总让人觉得难以匹配场景，很难让人有一个直观的理解。笔者的方法是，在书本中如果找不到满意的答案，就去找一些相关的例子看看。

2.2　从几个现实例子说起

首先讲一个医疗领域的例子。多数人一生中总会有那么几次和医院打交道的经历，因此容易引起大家的共鸣。

白宫最年轻的健康政策顾问，美国著名外科医生阿图·葛文德在《医生的修炼》中说，"美国每年至少有 44000 名病人死于医疗过失"。他同时引用了 1991 年《新英格兰医学期刊》中的一个研究报告，研究对象为纽约州的 30000 多家医院和诊所，发现"将近 4% 的住院病人因为并发症而导致住院时间延长、残疾甚至死亡，而这些并发症有 2/3 是由于后期护理不当引起的，1/4 则确定是由于医生的医疗过失所致"。读到这里，读者很容易发问，美国这个管理先驱国家医疗过失都这么多吗？有什么办法可以减少这种情况发生吗？

答案是"有"！笔者在此书中举一个疝气手术的例子。在美国的普通医院，这个手术要花 90 分钟、4000 美元，无论在哪家医院，手术有 10%~15% 的概率会失败，需要重新修补。然而在加拿大多伦多郊外的一间小诊所肖尔代斯医院，疝气修补手术只需要 30~45 分钟，手术失败需要重新做的概率不到 1%，费用是其他医院的 50%。

哇！肖尔代斯医生是如何做到的？很简单，这里有 12 名医生，只做疝气修补手术，重点是每位医生都完全按照标准程序操作，一步不差。举个小例子，一半的医院通常都会把疝气凸起推回去，然后在上面加上一块人造网膜，帮助固定。肖尔代斯医院没有这个过程，因为他们认为加入人造网膜会增加感染的可能性，而且费用比较高。何况，没有它，病人也能恢复得很好！

如果非要找出肖尔代斯医院和其他医院的不同，那就是他们的建筑是专门为疝气病人设计的。病房里没有电话、电视，病人要吃饭就得去楼下餐厅，病人别无选择，必须自己起来来回走动，这样就可以避免病人因运动不足患上肺炎或腿部静脉栓塞等并发症。他们的手术间隔时间为 3 分钟，在这 3 分钟之内，干净的床单和新的器具就已经在手术室里重新布置就绪了。

看完这个例子，你会不会觉得这个肖尔代斯医院虽然小，但管理得令人敬佩呢？

接着再讲一个医疗领域的例子：分娩。

组织的演进→

人类分娩是一种神奇的自然现象。我们之所以能够直立行走，是因为拥有由骨骼构成的狭小、坚固的骨盆。然而，人类由于智力发展，婴儿天生就有很大的头部，几乎无法通过骨盆。因此从生物学意义上讲，人类分娩之所以能够进行是一个妥协的产物，一方面人类婴儿出生的时候发育程度和其他动物比还远远不够；另一方面母亲在分娩过程中会发生"宫颈管消失"。因此，历史上，分娩是年轻女性和婴儿死亡最常见的原因。也就是说，我们每个人的出生之日，母亲和自己都冒着一定的风险。

虽然20世纪早期，麻醉和消毒法得以发展，双层缝合技术以及剖宫产都已经出现且得到了不错的发展，但根据美国纽约市1933年对2041例分娩案例进行的研究发现：至少2/3的死亡是可以避免的。有技术加持的医院相比于家庭分娩没有展现出任何优势。在20世纪30年代中期，150名孕妇当中就有1名在分娩时死亡，新生儿更甚，在30个新生儿中就有一个在出生时死亡。

后来这个情况的改善并不是人们采用了什么新技术，而是广泛地采用了阿普伽新生儿评分表。护理人员根据0~10的等级标准对新生儿的状况进行评估。婴儿浑身呈粉红色可以得2分，有啼哭可以得2分，进食良好可以得2分，呼吸有力可以得2分，四肢都能移动得2分，心率超过100得2分。小于等于4分代表婴儿不健全，体质虚弱；大于等于10分表示新生儿出生时状况最佳。

这个表的推广令人吃惊，几乎世界各地的医院都开始采用，在新生儿出生后1分钟和5分钟分别记录一次评分。为了达到更好的效果，医院围绕这些指标开展了各式各样的医疗活动，例如就算婴儿出生后1分钟时的评分很糟，但通过输氧和保暖措施，新生儿往往都能被救活，5分钟后评分结果也都很好。甚至后来发展为"产科一揽子方案"。从现在的数据来看，产妇的死亡率降到了万分之一，足月新生儿的死亡率降到了千分之二。如果按照2021年全球出生1.34亿人计算，每年有超过85万名产妇，400万名新生儿由于医疗过程被更高效地管理而避免了死亡，目前任何医学专科挽救过的生命数量都不能和产科的这个成就相提并论。

连着讲了两个医疗行业的例子。我们再来讲一个教育行业的例子，北京市海淀区是国内教育最发达的地区之一，该区拥有六所实力强劲的中学，被称为"六小强"。那么这些学校是什么地方强呢？有人说"人家根本就是生源强，哪个学校有这样的生源也能做到"。真的是这样吗？笔者分别向身边的一位高三班主任、邻居贾老师以及华商基业的张雪瓴老师请教。她们的答案大概是这样的：贾老师说区别在于老师在授课过程中的准备和方法不同。所谓准备不同，是这些学校的学科老师首先会基于考点重新整理知识点，然后基于这些分类的知识点再进行课堂设计，最大限度地将课程设计为围绕学生学习质量的提升，然后通过考试予以核查。我们来看一下他们对考试成绩的统计和一般的学校有何不同（见表2-1）：

表2-1 某中学考试评分反馈表

题目	8月摸底53.5+43		10月考61+38		期中考63.5+43		11月考56.5+		12月期末60+41		2月摸底55.5+44		3月月考58+43	
1	1.字音	2-2	1.字音	2满	1.字音	2满	1.字音	满	1.字音	2满	1.字音	2满	1.字音	满
2	2.错字	满	2.错字	2满	2.错字	2满	2.错字	满	2.字意	2满	2.字意	2-2	2.字意	满
3	3.用词	满	3.用词	2满	3.用词	2满	3.用词	满	3.用词	2满	3.用词	2满	3.用词	满
4	4.标点	2-2	4.病句	2满	4.病句	2满	4.病句	-3	4.排序	2满	4.排序	2满	4.排序	满
5	5.修辞	满	5.关联词	2满	5.排序	2满	5.关联词	2满	5.标点	2-2	5.标点	2满	5.标点	满
6	6.排序	满	6.排序	2满	6.文常	2满	6.排序	满	6.修辞	2满	6.修辞	2-2	6.修辞	满
7	7.默写	5-1	7.默写	5-1	7.默写	5满	7.默写	5满	7.默写	5满	7.默写	5满	7.默写	满
8	8.名著	4满	8.名著	4-1	8.名著	3-1	8.名著	3-2	8.名著	3满	8.名著	3-0.5	8.名著	4-2
9	9.综合1	3-2	9.综合性	4-1	9.综合	4-1	9.文言	满	9.综合1	4-1	9.综合1	4满	9.综合1	3-1
10	10.综合2	4-2	10.综合性	2满	10.综合	4-0.5	10.文言	满	10.综合2	2满	10.综合2	2满	10.综合2	3-1
11	11.综合3	2满	11.综合性	3满	11.综合	3满	11.文言	满	11.综合3	3-0.5	11.综合3	3-1	11.综合3	4-1.5
12	12.文言文字	2-2	12.文言字	2满	12.文言字	2满	12.问答	-1	12.文言字	2满	12.文言字	2-0.5	12.文言字	满
13	13.文言文句	4-2	13.文言字	2满	13.文言句	2满	13.记叙	满	13.文言句	2满	13.文言句	2满	13.文言句	满
14	14.问答	3满	14.文言字	2满	14.文问答	4满	14.记叙	-2	14.问答	4-1	14.问答	2满	14.问答	满
15	15.记1填表	4满	15.文问答	3-0.5	15.表格	4-1	15.记叙	-3	15.记情节	-0.5	15.记填表	-0.5	15.记填表	5-2
16	16.记叙文2	4-1	16.散表格	6-1	16.记叙	4-1	16.说明	满	16.记叙文	4-1	16.记叙文2	满	16.记叙文2	4-0.5
17	17.记叙文	7满	17.散品味	3-1.5	17.记叙	满	17.说明	满	17.记作文	7-0.5	17.记作文	-3	17.记作文	6-3
18	18.说明文	3-1	18.分析	6满	18.说明文	3满	18.议论	3-1	18.说明文	4满	18.说明文1	-1	18.说明文1	满

资料来源：华商基业。

组织的演进→

你发现了吗？对于学生是否掌握了每一类知识点，老师通过历次考试都会了解得非常清楚，重要的是学生被反馈得更清楚。如果没有对这些知识进行重新梳理和改进教学方法，做到这样逆天的判卷和试卷分析是非常难的。

张雪瓴老师还专门总结了他们教授记叙文写作的要求：一般讲5个段落，开头、结尾段落4~5行，中间记叙时间、地点、人物、时间的细节共计3段、每段10行。中间的内容不讲，咱们专门说开头和结尾，开头要求场景化开场，例如，"在硝烟弥漫的战场上，突然听到一声命令，说：'冲啊，同志们！'这就是我最喜欢的电视剧《亮剑》中的情节。"你看这个开头是不是让阅卷老师在非常繁重的工作中一下子就记住你了呀？然后看结尾要求，要用排比句结束，加强气势，最后还要甩出一个小尾巴，最好用省略号结尾，这是导演让观众自己想结尾的做法呀。哪里会有老师不给高分呢？如果学生的作文是这样讲的，还会有学生经过几次练习而学不会吗？再加上根据这些主题推荐学生做课外阅读，孩子们的相关视野自然就打开了。

无论是医疗还是教育，这些组织和我们的生命、生活都息息相关。如果没有人去提升组织产出的质量，不仅在这些组织中的人没有成就感，接受服务的我们也无法得到高质量的生命、生活和教育保障。

让我们把视野拉回到商业组织中来，我们在组织中选择两个场景来说明管理的存在，进而为理解其概念打下基础。

在组织中，我们常见的一种行为是决策，那么在组织中经常见到的决策方式有哪些呢？我们来看看埃德加·沙因在《过程咨询3》中的描述（内容略有删减）：

（1）石沉大海的决策。这是最常见也最不容易觉察的团队决策方式，某人提出一个想法，在团队中的其他人对这个想法给出反馈之前，另一个人又提出一个新想法,这个过程周而复始,直至团队选择一个想法开始讨论。所有被忽略的想法实质上都是由团队选择的,只是团队的选择不支持这种想法,用忽视让提出者感觉到他的想法如同"石沉大海"。在大多数会议中,这样的"石头"随处可见,而在这种决策方式背后的隐性假设是"沉默代表不认同"。

(2)权威决策。很多团队建立了权力结构,以确保会议主席或其他权威人士拥有决策制定权。团队成员可以各抒己见、畅所欲言,但在意见发表完后,主席可以随时宣布自己的决定。虽然这种方式非常高效,但它的有效性在很大程度上取决于主席是不是一名足够好的倾听者,以及能否从讨论中挑选出正确的信息进行决策。此外,如果团队继续推进工作或执行决策,那么这种方式决定了只会有少数团队成员参与,这会降低团队成员的参与度,进而影响决策实施的质量。

(3)自我决策或少数决策。团队成员常常抱怨他们"被通过了"某些决策,原因是少数团队成员的想法很有建设性,他们就将自己的想法等同于决策,然而并没有得到大多数人的认同。在这种情况下,隐性假设就变成了"沉默代表无异议"。少数决策的另一形式是自我决策,是指当团队中的某个成员提出建议后,既没有人提出其他建议,也没有人反对,于是团队就按照该成员的建议执行了。

(4)少数服从多数决策:投票/选举。这种方式我们并不陌生,美国标榜的民主就是这样的。这样的方式看似完美无缺,但令人惊奇的是,即使是通过这种方式制定的决策,也常常无法得以有效实施。换句话说,投票造成了团队分裂,失败者并不关注如何实现多数派的决议,而是想方设法赢得下一个回合。

(5)共识决策。最有效但最耗时的决策方式是达成共识。这里的共识并不是指意见完全一致,而是一种沟通顺畅、氛围融洽、公平公正,每个人都感到他们有机会影响决策的状态。为了达到这种状态，所有成员都应该有足够的时间来陈述反对意见，让其他人完全理解自己的想法。如若不然，他们会认为没有获得他人的支持是因为自己没有陈述清楚，并且持续纠结于这个想法。只有认真倾听反对意见，才能消除这种感觉，达成有效的集体决策。

（6）无异议决策。一种逻辑上完美但无法实现的决策。

从以上决策方式看，显然第一种我们不应该采取，最后一种做不到，剩下的四种在组织中经常出现。笔者想问的是，这些决策方式适合你组织里的哪些场景？或者说，你们采取的主流决策方式是什么？为了让你的组织采取这样的决策方式，需要做哪些准备工作？这对你们的会议有什么影响？如何才能让你们这样的决策方式最有利于组织发挥社会职能、更好地满足客户、社区和员工？

有读者会想，决策嘛，领导们决策多，普通员工哪里有那么多决策呀！员工就是脱口秀演员呼兰所说的："躺有躺的价格，卷有卷的价格。"那么我们接着举一个组织中对话的例子，这样会涉及每个人。这里的例子叫艾萨克基本谈话模型（见图2-1）。

这个模型很简单，左边一支导向辩论，证明我是对的；右边一支导向整合，共同建立整体的思考，接受差异。你愿意在什么样的组织中工作呢？如果接受其中的一支，我们需要建立什么样的政策和行为来使其达到效率最大化呢？如何同时让组织中的员工满意，进而实现组织在社区和社会上的功能呢？

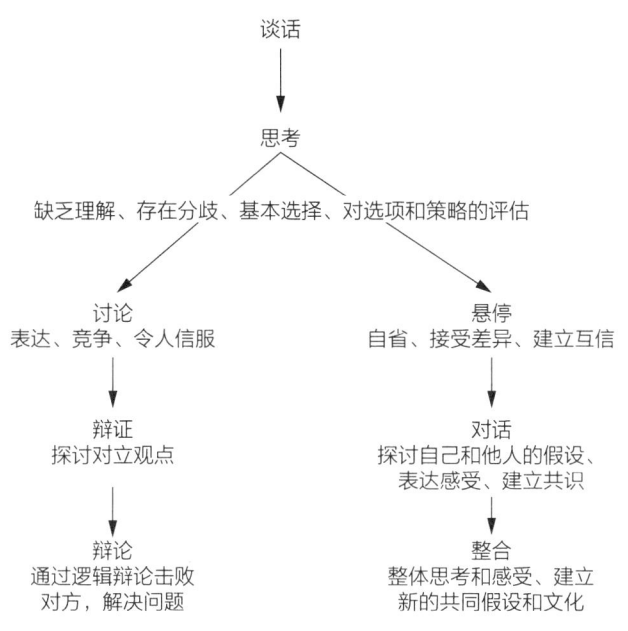

```
                    谈话
                     ↓
                    思考
     缺乏理解、存在分歧、基本选择、对选项和策略的评估
         ↙                              ↘
       讨论                              悬停
  表达、竞争、令人信服              自省、接受差异、建立互信
        ↓                                ↓
       辩证                              对话
   探讨对立观点                   探讨自己和他人的假设、
                                  表达感受、建立共识
        ↓                                ↓
       辩论                              整合
  通过逻辑辩论击败                  整体思考和感受、建立
  对方，解决问题                    新的共同假设和文化
```

图 2-1　艾萨克基本谈话模型

资料来源：埃德加·沙因，《过程咨询》，葛嘉、朱翔译。

2.3　管理的概念与现实意义

前文讲了几个例子，前三个例子有具体的场景，后两个例子我们选择让大家回到自己的组织中去回答，去选择，去构建自己的场景。

如果通过上述例子给管理下一个定义，笔者尝试这样来描述：

管理是人们利用知识在组织中开展的聚焦组织功能的持续改进活动，包括端到端的业务过程、环境与工具、组织中的人类行为（见图 2-2）。

基于上述概念，需要解释三点：动态性、成熟度、边界。

如果从一个时间点上看，每个组织都存在以上三类要素，维护这三类要素的运转属于基础管理活动。但我们定义的核心为动态性，即利用知识持续改善这三个领域的活动。

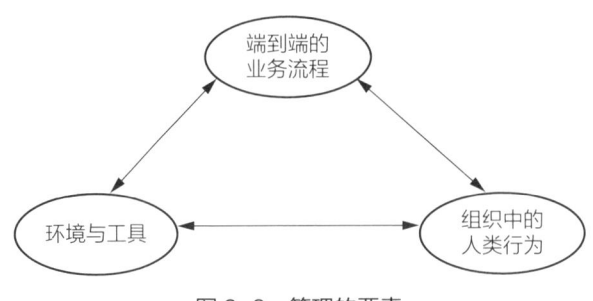

图 2-2 管理的要素

资料来源：笔者绘制。

第二个是成熟度。一个组织首先要使活动流程化，然后才能基于流程进行改进，才具备持续改善的基础，否则只是进行了各种行为尝试。也就是说，人类活动的行为除了需要环境，还需要流程这个载体。

第三个是边界。三个领域都有外延，都和其他学科知识有接壤，必然受其影响，但除非将其纳入组织中进行实践，否则只能是其他学科的知识，而非管理学内容。

当我们在如此定义管理的时候，它意味着什么呢？

第一，知识在不断地改造工作。疝气手术的例子就告诉我们，同样做一件事情，总是能够找到更好的办法，这个改进是无穷无尽的，知识本身成为生产资料的一种，知识是可以繁衍、杂交产出新知识的。当我们讲知识大爆炸的时候，不是知识爆炸了，而是越来越多的人从事各行各业的知识创造去了，知识成为新的生产资料。不仅每个领域的专门知识越来越多，且交叉影响。也就是说，知识运用到一类岗位的工作设计中，它能提高效率，这个岗位的人通过不断练习，就能达到高的水准，进而反馈给工作，重新设计过程。这样反复循环，一个小的团队就可以把这个专业知识无限制地演化下去。

第二，如果知识运用到业务流程上，它就会产生一系列围绕知识高效利用的机制和工具。例如把测试工作由串联改为并联，由人工改为自动。如果我们在决策中更多地希望使用权威决策，那么你的人才选拔和培养，以及工作方式就要发生彻底的改变，一开始你就要选择最聪明和谦虚的人，能够了解事情的本质；同时，业务的复杂度还不能高，因为一旦复杂度高了，决策者无法全面掌握。此外，团队规模一定不能大。如果你要选择共识决策的模式，你将如何从一开始就培养员工表达自己的观点。在观点不同的时候采用什么方法达成共识？为了维持这个高效的模式，你的会议和沟通应该如何设计？这个方式如果导致你对市场的反应时间比竞争对手长，你拿什么来弥补？

第三，提出标准以及在工作中能及时得到关于成果的反馈也可以激发人类改进的欲望，例如第二个医疗例子中的阿普伽新生儿评分表。如果知识运用到组织中的人际交往中，如前面讲到的艾萨克基本谈话模型，它对你的组织文化冲击是什么？我们应该如何重构组织的文化？

第四，这三个领域的第一层次仍是业务过程，它是我们的核心目标，其他两个领域属于第二层；但组织中人的积极性被激发了，通过重构人际关系和组织行为，达到对环境和工具、业务流程的重构。如果我们了解组织中的人力资源是流动的，那我们就能明白端到端的业务流程、环境和工具往往是我们在组织中可以依赖的着力点，因为它更容易形成组织的"固定"资产。

从上述的描述来看，管理的出现为我们增加了几类新的人类行为：一是基于个体的工作本身开始作为对象被研究、设计以及在全球层面开始传播，在这以前最好的方式是"师徒制"；二是基于个体工作的研究，进而扩展到整个团队工作的研究，一方面如何在复杂的业务流程中协同，另一方面如何创造更有利于协同的人和群体的机制；三是在组织中如何打造更有利于工作完成的工具和环境；四是人力资源管理活动被极大地重视起来，以激发组织中的人类行为。

这些转变对于社会来讲其实是巨大的，对于组织来讲更是生命攸关，所以彼得·德鲁克说组织是社会的器官，管理是组织的器官。一旦管理开始在组织中有效应用，就意味着关系的转变，意味着不断爆炸的知识在重构我们的工作和生活，这种状态是人类不久前刚进入的。这要求我们要从基本的哲学和态度上有清醒的认知，同时也要有工具和方法来应对这一挑战，组织成熟度为管理主体提供了这样的视角和方法。

2.4　数字经济带来的变化

当今，我们处在数字经济时代，数字经济也被认为是当今全球经济增长的主要动力。它既催生了互联网巨头，颠覆了广告、购物、社交、娱乐等众多领域，也为众多组织提供了机会。在数字经济时代，组织更容易获得知识与资源，更容易用数字化来改变流程与服务。对外开发市场、渠道，提升服务水平，对内提升创新能力等，都出现了前所未有的机会。

数字化原住民一方面越来越多地进入组织，另一方面也日益成为组织的用户或客户，他们不再是单纯被长辈指导如何工作和生活的一代，而是指导长辈如何使用数字化工具来适应社会的一代。他们对宗族式的制度、组织权威的态度完全改变了，且这种改变越来越多地重塑我们的组织和社会。

基于这种改变，无论是在数字化流程重塑上，还是在环境与工具打造上，抑或是在激发数字化原住民的创造力上，组织都面临着重新审视并重新设计行动的重大机会，是组织人力资本增量创造的新时期。而组织成熟度视角的进化之路为组织、管理主体提供了这样的选择。

2.5 管理展望

当我们说管理是计划、领导、控制的时候,管理似乎是一个学科或工具。我们可以学,也可以不学。

但如果我们说,管理是我们这个新时代的基本哲学、态度和现实的时候,它便成了关乎每个人的事情。也就是说,你不得不在组织和生活中面对管理,面对这个社会中用知识构建起来的发展加速度。

管理百年的历史还不足以让人们全面完成这个思想转变,进而构建基于管理的组织与社会。但在每个组织的领域中,都可以先有星星之火,然后才能在组织中发展成熊熊大火,形成促进社会发展、提升人民福祉的普遍活动。

然而,在生产力的发展进程中,数字经济现实不会为落后的组织刻意留出改进的机会,除非组织从每一个当下做起。下一部分就让我们去寻找自己组织的进化之路吧。

第二部分
实践和机制

没有任何东西在实用方面可与好的理论相媲美。

——库尔特·勒温

在第一部分,我们对组织、组织成熟度、基于成熟度视角组织进化之路,以及组织成熟度视角下的管理进行了阐述,主要是理论阐述。但好的理论,必须是实用的,这一部分将会对不同阶段的实践进行详细的说明,并提供可以参考的案例,方便读者在自己的组织内践行。

第 3 章
向领袖要生存

3.1 老福特的故事

这一部分，先来看一家公司的例子，美国福特公司早期的故事。亨利·福特（Henry Ford）是一位非常令人尊敬的美国企业家，福特汽车公司的建立者。他是世界上第一位使用流水线大批量生产汽车的人，其生产方式使汽车成为一种大众产品，不但革新了工业生产方式，且率先数倍提高了工人工资，开创了每周 40 小时工作制。从历史上看，说老福特的实践对现代社会和文化起了巨大影响都毫不为过。但彼得·德鲁克在《管理的实践》中把老福特当作一个负面的典型，我们来看其描述。

20 世纪 20 年代初期，福特公司占有 2/3 的美国汽车市场。15 年后，在第二次世界大战爆发前，福特的市场占有率却滑落为 20%。当时福特公司还未上市，没有公布财务数字。不过同业普遍认为，在那 15 年间，福特公司一直处于亏损状态。

当埃兹尔·福特（Edsel Ford），亨利·福特唯一的儿子在第二次世界大战中突然去世时，在汽车工业界所引起的恐慌表明公司已经接近崩溃。将近 20 年来，在汽车工业界，人们一直在说："那个老人不可能拖得太久。等吧，等到埃兹尔接管公司。"然而，他却去世了，但那个老人仍然活着。这使得汽车工业界不得不面对福特公司的现实状况。严峻的现实使公司继续生存似乎不大可能，有些人说根本不可能。

为什么福特公司会陷入如此严重的危机呢？我们已经听过很多老福特治理不当的故事，知道许多不见得正确的恐怖细节。美国管理界也很熟悉老福特秘密警察式的管理和唯我独尊的独裁统治。然而大家不了解的是，这些事情并不只是病态的偏差行为或老糊涂所致，尽管两者或多或少有些影响。

老福特失败的根本原因在于，他在经营10亿美元的庞大事业时，有系统且刻意地排除管理者的角色。他派遣秘密警察监视公司所有主管，每当主管企图自作主张时，秘密警察就向老福特打小报告。每当主管打算行使他们在管理上的权责时，就会被炒鱿鱼。而老福特的秘密警察头子贝内特在那段时间扶摇直上，成为公司权力最大的主管。主要原因就是，他完全缺乏管理者所需的经验和能力，成不了气候，只能任凭老福特差遣。

从福特汽车公司的早期，就可以看出老福特拒绝让任何人担负管理重任的作风。例如，他每隔几年就将一线领班降级，免得他们自以为了不起，忘了自己的饭碗全拜福特先生所赐。老福特需要技术人员，也愿意付高薪聘请技术人员，但是身为公司老板，"管理"是他独享的职权。

正如同他在创业之初，就决定不要和任何人分享公司所有权一样，他显然也决定不和任何人分享管理权。公司主管全都是他的私人助理，只能听命行事，绝对不能实际管理。他所有的作风都根源于这个观念，包括秘密警察，他深恐亲情会密谋背叛，很缺乏安全感。

福特汽车的衰败正是因为缺乏管理者。即使在第二次世界大战前夕，福特公司跌落谷底的时候，其销售和服务组织依然十分健全。汽车界认为，即使历经15年的亏损，福特的财力仍然和通用汽车相当，尽管当时福特汽车的销售额几乎只比通用汽车高1/3。但是，福特公司中没有几个管理者（除了销售部门），大多数人才不是被开除，就是早已离开；美国在历经 10 年的经济萧条后，第二次世界大战开创了大量的就业机会，也吸引了大批福特主管另谋他就。少数留下来的主管多半都是因为不够优秀，找不到其他工作机会。几年后，当福特公司重整旗鼓时，这群"老臣"大都无法胜任中高层管理的工作了。

彼得·德鲁克从多方面分析了老福特违反管理原则的行为，虽然这样的事情过了 100 年，但对今天的组织领袖们仍有深刻的教育意义。是老福特带领公司走向辉煌，也是他带领公司走向没落。用中国的话说就是"成也萧何，败也萧何"。公司的兴旺发达系一人之判断，在其专业的领域内，固然有卓越之贡献，在以集体智慧应对社会变化上，老福特显然没有跟上时代的步伐。吸取经验的亨利·福特二世带领公司走出低谷。

3.2 等级 1 的组织

我们之所以举亨利·福特这个例子，是因为老福特的例子非常典型。一个组织或许开始于一个项目，一个新的时代契机。在组织的开始，除了抓住外部机会外，在内部首先要培养的是组织领袖，没有一个合格的组织领袖，组织这个飘摇的"船"就无法同舟共济。所以从组织人力资源视角来看，这个时候人力资本积累存在于老板一个人的头脑中。

如果我们拿一个人的学习过程来比喻，这个时候组织是严重偏科的，是以组织领袖的判断为标准的。这就导致随着组织的扩大，涉及的专业知识越来越多，组织无法发挥更多专业知识的作用，出现大量知识工作者完全听命于组织领袖、服从权力的状况。一旦这样的状况出现，协调本身就变成了一个人"拍板"的情形，组织领袖成为组织其他人员发展的障碍，也成为组织能力发展的障碍。即使组织由于社会的需要快速发展，组织中人的发展也会远远落后于业务需要。当组织需要更多的人承担责任，需要在市场竞争中发挥优势，适应变化，实施创新的时候，却发现组织的这些愿望都无法得到很好的实施，只有"形似"其他组织的方案，无法成功落地。

等级 1 组织的存在非常广泛，形式也丰富多彩，笔者称之为随机发生。在人力资源管理方面，它缺少明确的、成体系的规则，很多时候都是根据组织领袖的个人判断在具体场景下来做裁决。其中也有经济绩效出色的，甚至为社区做出了巨大贡献的组织，例如老福特治下的福特汽车。

虽然笔者认为等级 1 的组织需要改进，但也不能仓促为之，这既需要社会治理的提醒和要求，也需要指出变革之路，同时要考虑到，即使是等级 1 的组织，它也为社会和社区做出了贡献，是很多人赖以生存的环境。在某些情况下，正是这些个体的固执，甚至偏执开创了组织或者组织的新阶段，但我们不能因为这个而忽视社会对组织器官功能的要求。

3.3 行动起来

如果你是一个组织、团队的负责人，这一个等级的描述会引发你的反思。你是不是这样的人呢？如果是，这个状态符合你组织、团队当前的要求吗？如果需要改变，你能做什么呢？

首先要明白，一个人能认识到自己的不足，才是进步的起点。曾子说"三省吾身"，无论想在哪个领域取得进步，自我觉察都是可以采取的方法。如果内省和反思还不够，你要能够找到可以对你提出批评意见的人，或者是你尊敬的长辈，或者是你认为专业度很高的朋友。最后你也可以求助于专业的测评工具和专业教练。组织、团队领导人的认知决定着组织和团队的上限,因此一个善于内省和自我觉察,善于带领组织开展内省和自我觉察活动的领导人是值得敬佩的。

如果你不是这样的人,那么想想你是如何从这样的状态中出来的?这个经历应该成为你从组织、团队中萃取的案例,你可以观察在你的组织、团队中还有谁和你处于同样的状态,帮助他从这样的状态中走出来。

如果你是一名 HR 或咨询顾问,面对这样的业务负责人,你可能要十分慎重地采取策略,是首先谨慎地取得信任还是采取强势一些的态度?但无论如何,要让业务负责人从外部学习或者从内部实践中尝到甜头,这样改变才能开始。

业务部门负责人会尝到哪些甜头呢?我们将在接下来几章的各个等级中依次看到。

第4章
向人才要绩效

4.1 奈飞公司的人才管理实践

美国奈飞公司（Netflix，以下简称奈飞）成立于1997年，是一家全球知名的，会员订阅制流媒体播放平台，总部位于美国加利福尼亚州洛斯盖图。

2001年春，互联网经济的第一个泡沫破裂了，大量的互联网公司破产倒闭，所有的风投公司也停止了投资。此时的奈飞虽然只有100多人，但也变得捉襟见肘，难以维持正常的运转了，作为一个创业4年的公司，盈利更是遥不可及，办公室里人人垂头丧气，士气低沉。

公司的创始人兼首席执行官（Chief Executive Officer，CEO）和首席人力官一起考量了每个员工对于公司的价值。他们把员工分为两组：继续雇佣表现更为优异的80名员工，而其余40名相对逊色的员工将不得不离开。毫无疑问，这样的事情对所有的公司来讲都是一个艰难决策。从员工评估层面来看，许多人都在某一方面表现很好，有人与同事相处极好，配合默契，但工作能力一般；有的人是工作狂，但缺乏判断力，需要有人引导；有的人天资聪慧，行动力也很强，但总是牢骚不断，容易产生悲观情绪。如何从这些人中评估出要离开的员工呢？从团队的层面考虑，裁员往往会导致整体的士气低落，留下的人也会对公司产生怀疑，认为公司对员工不管不顾，没有人情味；同时留下的人工作量会变大，这会不会让留下的人更痛苦呢？

虽然有众多疑问，奈飞还是按照评估的结果开展了裁员活动。出乎意料的是，留下的员工并没有士气低落。2002年初，奈飞的DVD邮寄订阅业务再次迅速增长，留下的80名员工士气高涨地完成了工作。员工的工作时间延长了，但所有人都激情满满。

奈飞从这个经验中吸取了教训，提出了"人才密度"概念，提出了基于奈飞文化的一系列人才实践，如"为未来组建团队""不是匹配而是高度匹配""公司内部建立一家猎头机构""让每个人了解公司的业务双向沟通至关重要""打造尽可能简洁的流程和强大的纪律文化""用人经理是首席招聘人员""面试的重要性高于任何会议""上级和同事的坦诚反馈""按员工的价值付薪"等，成为世界众多组织学习的对象，Facebook首席运营官谢丽尔·桑德伯格（Sheryl Sandberg）更是将《奈飞文化手册》称作"硅谷最重要的文件"。

回顾奈飞成功的历史，它在抓住商业机会的风口浪尖狠狠地吃了把人才红利，在高科技组织如云的硅谷，完成人才管理的逆袭。当我们认真总结奈飞经验时，奈飞的首席人力资源官认为这是开创了一种文化，而奈飞的创始人认为这是一个循环，先是提高人才密度，然后完全透明，最低管控。从人力资源的角度来看，笔者认为他们抓住了人才和绩效两个关键词。

有人认为奈飞案例是互联网组织的特例，一般组织不适合。但笔者认为奈飞只不过是创造了其所在场景下的实践方式。从第二次工业革命开始，组织实践中已经发现人才配置对绩效有明显的影响，这是由于招聘成功率不可能达到100%，因此组织要定期考量人和绩效预期是否匹配的情况。林肯电气采用的方法是平均每75名应聘者只有1名被录用，且一半的新入职者会在 90 天内离职（通过试用期筛选）；通用电气的做法是有名的"微笑曲线"，10% 的员工淘汰。无论如何，组织总会在一个时间点去考虑在招聘失败的情况下，人员应该如何有效地去配置，以使得组织内部的人和期望的绩效是一致的。

4.2　人才招聘与配置

这一部分重点讲人才的招聘与配置，共分四个话题，第一，从校园招聘大学生说起，因为这是中国每年最大的劳动力来源，是各类组织人才补充的有效途径，另外大学生在一个组织中开始职业化便是每个组织人力资本管理的开始；第二，我们来说社会招聘，虽然每个组织都想从社会招聘中分得一杯羹，但在这个竞争中有正确的认知才是取胜的关键；第三，我们会讲选拔人才最重要的环节——面试；第四，讲用人才盘点来做好人才配置。前三个主要是讲人才的来源和筛选，第四个主要讲配置，筛选和定期的人才配置活动相结合，挑战期望的绩效，是等级 2 组织的主要判定点，也是在等级 1 向领袖要生存基础上的一个升级版。组织中有望产出绩效的员工数量会大大增加。在管理过程中，这是双向、自主和赋予责任的过程，而非一厢情愿的"拉郎配"。基于持续有效的管理过程，组织中会涌现出越来越多的管理者和业务专家。

4.2.1　校招的案例与启示

最近这些年，在校招市场上比较博眼球的，应该是管培生项目。管培生项目也陆续培养了副总裁（Vice President，VP）级干部。请阅读下面的案例：

组织的演进→

D 公司是规模较大的企业,其管培生项目在业内也有一定的名气。这个企业非常喜欢管培生,加之有钱,他们校招和后续工作安排应该说也是很好的。前两年他们把一个 30 岁左右的青年(曾以管培生身份入职,并担任老板秘书)安排到了副总裁的位置,这在中国的组织中算是非常勇敢的了!那这位副总裁的业绩和员工反馈如何呢?向上缺乏管理与创新,向下缺乏有效引导,对外出几篇宣传自己已经是副总裁的稿子,说一说管培生体系的好处,事情也就到此为止了。从旁观者的角度来想,我们还能要求这位青年什么呢?这位青年是从老板秘书开始干的,因为深得信任,所以被放到了这家超大规模组织的副总裁位置,她没有经受过任何专业的历练,也没有经历过组织能力构建的熏陶,更不用说精深的专业沉淀,我们还能期望这位青年做到什么呢?从这个任命开始,大家就知道,这家组织是以关系、听话为原则的,于是一个组织文化上争相取宠或彼此躺平的状态就开始了。能得到老板垂青的当然好,不能得到老板垂青的就会关注自己的专业,不愿意再花过多的精力去做什么创新和突破了,没有必要再去关注客户了,领导基本满意已经是很高的标准了。显然这个组织的没落不过是时间早晚问题。

还是 D 公司。我们看看另外一位管培生:毕业于中国大陆顶尖名校。笔者接触到他时,他已经离开自己以管培生身份入职的组织,成为另一家组织中的高管。笔者和他一块开过几次会,从逻辑上看,他在会上的表现很优秀。但事后业务部门的反馈以及后来和他的实际接触对笔者触动很大,他特别喜欢会议,把会议当作表演舞台,把讨好上级作为一个重要的目标;对别人的要求很多,指点江山,激扬文字,说得逻辑性很强,头头是道;他不知道,也不了解自己的价值是什么,不愿意深入实际去干一件事。当别的部门向他提出合理的要求时,他置若罔闻,顾左右而言他。应该说这个人的智商、自制力、工作履历都很优秀,但向他要工作成果时，却很难得到结果。追究他这种职场行为模式形成的原因，和他一进入职场就是管培生的经历有关。D公司重视管培生，但缺少培养管培生的实践行为，因为这家组织也不怎么搞科研，没有深入科研的机会，也不做深入客户营销，为这些年轻学子提供的实践机会太少了。企业属于在风口成长起来的，所以管培生多是在旁边远远观看业务发展的过程，形成了后来不知道如何落地的职业习惯。

单纯从职位上来看，以上两位应该算是成功的管培生，虽然业务贡献在他们这种行为模式下暂时不可能大了（除非自己愿意深入一个专业领域重新开始）。还有大量的管培生远不如他们，下面讲另外一家组织的例子。

笔者接触这个管培生的时候他已经在销售、产品两个岗位上各工作半年了，负责管培生项目的人对他的评价是不符合组织要求，要与他"解除劳动合同"，由于组织内部的一位领导曾经面试过他，觉得很可惜，所以希望笔者和他谈一下。这个孩子的履历确实好，有最顶尖高校的学习经历，虽然专业稍微偏门一点，但学历确实很优秀。他个人的意愿是做产品经理，可惜的是他对产品没有什么了解，也没有产品经理愿意带他，因为别人知道这是管培生，带他不知道会有什么结果，也许带两年出来了就调走了，不如培养愿意踏实干的人，去销售部门也是如此。就这样一年过去了，非管培生已经能够在某些具体的业务活动上独当一面了，他还在组织中"游荡"。后来我问他愿不愿意真正接触一线的工作？他表示愿意，于是给他调动了岗位，找了好的导师，让他一步一步来，大概过了半年，这个小伙子就表现出异于常人的优势，他自己也非常高兴，后来成为这家组织中几个管培生中唯一留下来的人。

和第一个组织中大量管培生通过务虚观察业务来成长不同，这家组织的管培生其实遭受到了组织中的不公平待遇，管培生对于他们来说是

组织的演进→

一个光环，对于组织中的其他人来说意味着你对我暂时没有什么用，这两类情况都很常见，是管培生项目失败的常见原因。

每个组织领袖和 HR 一号位都应该想清楚，如果是自己的孩子，愿意让他（她）去从事你主导的培养计划吗？如果答案是肯定的，那你组织中的项目值得肯定；如果你开始犹豫，建议你修改一下实际的培养方案。

这些经历促使我们考虑，招聘高校毕业学子到组织中来，到底是为了什么？组织应该承担什么样的责任？如果弄不清目的，什么方案都是错的！通俗来说，校招是为了补充廉价劳动力（虽然有些人并不廉价），但长远来看，校招是让组织和社会不脱节，因为年轻人加入了。但无论如何，让这些孩子进来干什么呢？是要在最基础的岗位，做最基础的研发、客户开发、精益管理，当然有一部分人会很快脱颖而出，那就另行安排。让年轻英雄们真正"上山（勇攀科技高峰）下乡（密切接触客户）"，才是对他们真正的尊重，"山""乡"才是他们真正成长的舞台。如果一个项目和领域不适合，我们就换一个看看，如果一个组织没有融入好，那就认真筛选下一个。

再深一个层次去思考，为什么组织如此重视管培生呢？因为浮躁，因为不明所以！学校是以智力和自制力取胜的地方，组织是以绩效和链接力取胜的地方，这是两个不同的逻辑。凡是还没有想清楚这一层的组织，都是在为自己树碑立传，凡是想清楚了这些的组织都在鼓励青年们在广阔的市场和创新中乘风破浪。

说到这里再举一个例子，日本当代管理学家大前研一当年被招聘进入麦肯锡的情况。大前研一是麻省理工学院核物理专业毕业的博士，应该说进入管理咨询行业并不对口，那他是如何进入麦肯锡的呢？是由于麦肯锡特殊的决策方式！在三个面试官中如果有一个人鼎力推荐，那么这个候选人就有进入组织的资格。最后大前研一不负这位面试官的期望，成为麦肯锡日本分公司的总经理。我们不少中国人看到这个例子不禁会想，这多有利于我们走后门呀！这就要求组织对面试官的长期绩效进行跟踪和复核，要求组织在人才配置决策方面设置类似亚马逊"抬杠者"之类的角色。

这个例子是想告诉大家管理咨询的公司是如何做招聘决策的，特别是在校招过程中，想看清楚是很难的。要相信"实践是检验真理的唯一标准"，要让乐意接受这样挑战的年轻人获得这样的机会，关心其融入、培养和激励，让他们走上对社会、对组织有用的成长之路。同时也要相信，你的组织中存在这样的伯乐，把这些伯乐找出来委以重任。对于高校来说，与社会上的其他组织互动，做到学有所用，用得上，用得好，建立优良的价值观，是在教育过程中需要持续改进和坚守的。

做校招的组织都是中国相对比较优秀的组织，这些组织只有根据大学生的专业、兴趣、特长找到匹配他们的领域，才是一个值得的、合适的管理策略，是一个组织链接社会人力资本管理的重要节点。

4.2.2　社招实践中的常见问题与解法

你有没有见过一种现象：招聘网站上经常有一些高端岗位需求，这些需求在招聘过程中几年不变，且大部分情况下这些岗位只需要一个人。有人说这是组织在打广告（或许有些广告效用），但实际情况是不少组织都存在这样的情况——高端人才招聘难。

中国通过几十年的发展，是有不少人才红利的，然而几乎所有组织都陷入了高端人才荒，有招聘不到的，有用不好、用不久的。本小节我们就来讲这个领域的情况。

4.2.2.1 招聘流程执行常见问题

招聘的第一个常见问题是招聘需求不清楚。大家说招聘怎么会有需求不清楚的呢？现实中存在两种情况：第一种情况是不知道如何描述，缺少描述过程；第二种情况是之前组织中没有这样的岗位。其中第一种更常见。

很多人表示诧异，说如何就描述不清楚呢？我们来看看招聘常用的职位描述（Job Description，JD）是如何形成的。笔者首先去问了一个超大金融保险组织的管理人员，他说这很简单呀，上百度搜一下，去招聘网站看一下，形成一个JD还不容易吗？我说你能不能示范一下。他很快通过搜索就把自己经常招聘的一个岗位写好了，有些还是抄他们兄弟部门的作业。其次，笔者观察了几个HR的做法，他们将之前的JD按照自己的理解修订一下就发布出去了。这两种情况都很常见，我称之为姜太公钓鱼式的招聘法——愿者上钩。

如何才能不跳进这个坑呢？这就要回答第一个问题：招聘这个人是来干什么事情？解决什么问题？这个问题其实是定义一个人的职责边界，以及行使职责内工作所需要的工作方法、技能和知识。这个问题不清楚，招聘到正确的人就无从谈起。例如大客户销售和渠道销售，都是销售人员，但要求具备的能力截然不同；同是大客户销售，面对互联网大客户和面对政府客户需求又不一样。但是组织中销售的管控规则和流程往往都一样，在这些限制条件下，履行职责的任务是如何完成的？而这些内容几乎没有被现在的组织识别，导致刚开始的几个面试都对不上，于是就不知道如何来完成这个招聘，这也就导致了我们看到的长期招、招不到的尴尬局面。

在现实中，无论是每年能为猎头公司挣数百万元猎头费的猎头顾问，还是组织内部的猎聘高手，都对这个问题有自己的见解。但我却很少见到有组织将这个方法显性化赋予所有招聘人员的，而这个工作的总结和推广，将会使中国组织的招聘能力上一个新台阶。

第二个问题是招聘中的反馈与修正活动不够。如果一个岗位没有合适的候选人，负责招聘的 HR 应该如何与业务部门沟通呢？往往是推迟沟通，或者直接说这样的人找不到。但很少有人会说目前线上的资源有多少，线下的资源有多少，开发了哪些组织，从目前来看我们的期望和市场之间的差距是什么，以及我们应该如何调整。如果在组织中能够顺利地进行招聘活动，并根据反馈进行修正，我相信在高端招聘上效果至少会提升一倍。笔者遇见过一个高级别招聘者，她在反馈前会给出三个自己推荐的简历，等业务部门看完之后，她会把对这三个人的评价和市场上的反馈一并告知，这既可让业务部门知道你能找到并深挖了相关的人才，同时还可对下一步的招聘工作进行调整。

第三个问题是急于求成。这里是指对招聘到岗的高端人才急于求成。即当一个专家或一个管理者到岗时，希望他能迅速地解决组织当前的问题。确实有入职 1 个月内就解决组织的技术和工作方法问题的情况，但这样的概率很低，往往不足 5%。大部分人需要有在组织内部落地的辅助，有的组织用导师制，有的管理者专门花时间来解决这个问题，这都是好的方式。最近社会上有组织公开提出"我们不培养人，我们只招最好的人"，实际上，每项业务都是在培养人，不培养人是不可能的；另外，这样的口号极度不负责任，如果一个国家的组织都不培养人，中国的人力资本增值如何才能实现？喊出这样口号的组织的人力资源管理水平值得怀疑，其组织内的员工也会极力反对，最后自己会付出轻狂的代价。

在人才招聘与配置流程方面列出了以上 3 个问题。下面我们尝试说说流程外的问题。

4.2.2.2　招聘流程外的不足

流程外的第一个问题是地域限制，一线城市的人相对好招聘；二线甚至三线城市的人似乎就更难一些。地域限制是我们在招聘过程中常见的说辞。要解决这个问题，笔者常用的解决路径有四个：第一，如果中国一线城市的资源都是从全国各地聚集起来的，那么一定会有回流，找到回流就找到了来源；第二，如果中国有你认为的全国性优秀组织，那么这些优秀组织在你所在的地域一定有优秀人员，找到这些人也是很好的，有时候所谓的隔行如隔山不过是组织的自我设限；第三就是有没有一些当地的组织曾在某一个时间段发展特别好，那个时间段的人就是我们需要的，这个方式往往也能奏效；第四就是抓住主要需求的能力，放弃一些执着的项目，例如学历、大厂经验、年龄等。

流程外的第二个问题是需求部门不重视招聘。很多组织的业务部门都认为招聘是 HR 的事情，自己对招聘并不积极（当然也有认为招聘就是业务部门的主要工作）。这种问题尤其难解，从组织的角度来看，应该树立在人员招聘方面的典范部门，应该让这些受益部门出来发声影响更多的业务部门。但这个问题无法通过招聘本身解决，如果招聘人是一个核心问题，把他作为一个共同担当的指标给业务管理者，或者安排专人帮业务部门负责人，都是可以考虑的方法。

第三个问题是组织对人才培养投入不足。大部分情况下招聘缺少明确人才培养机制的后果。我们看中国成长起来的组织，没有一家不重用大学生的，有的还用得非常好。为什么有的组织用大学生就能培养出公司整个系统需要的人才；而有的公司招聘了所有专业的人才却培养不出来组织的人才能力和业务能力呢？这就是培养机制的差别！大学生之所以好培养，是因为他们在工作上是一张白纸；有经验的人之所以难培养，是因为他已经形成了自己的工作方法和习惯，纳入组织的大流程中成为一项能力，需要每个组织有剪裁、培养和引导的能力。这个能力的建设在组织中还远远不够，是当前人力资源增值活动少、效果差的主要原因。

如果组织能够按照"人—流程—工具的分析和改进"的逻辑来指导人员招聘和配置工作，那么可以预计无论是社招还是校招，效果将大大改善。同时，招聘人员的能力也能得到提升。作为配套措施，如果组织在人才培养机制上理念方法得当，并且和具体的场景进行有机结合，潜下心来深入研究和定义问题，组织人才供给问题就能够得到有效缓解，从而人才梯队建设就能够得到改善，而不是寄望于"外来和尚"解决问题。

4.2.3　正确认识面试选拔

上一节讲招聘，招聘中重要的选拔方法是面试。本节就面试和选拔这个话题进行阐述。首先来讲面试的案例和研究，接着说面试在选拔中的作用和地位。

通用电气的传奇 CEO 杰克·韦尔奇曾说，自己花了 30 年时间，才把人才识别率从 50% 提高到 80%。对照我们自己，可以统计一下自己为组织面试的人，按照你心中的 S、A、B、C、D 五个等级来评价，S 和 A 能占到多少？

韦尔奇和我们自己都属于个体的例子，那么酷爱面试的组织，他们的成绩怎么样呢？我们来看看谷歌的研究，如图 4-1 所示。

组织的演进→

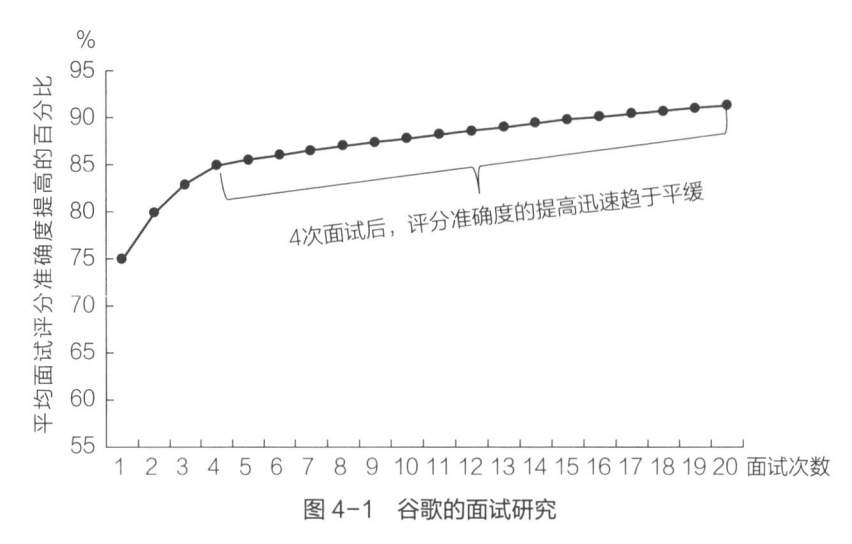

图 4-1　谷歌的面试研究

（图中标注：4次面试后，评分准确度的提高迅速趋于平缓）

资料来源：笔者根据谷歌数据绘制。

也就是说，如果只有 1 轮面试，他们认为面试评分的准确度不到 75%，2 轮面试能到 80%，到 4 轮面试以后，其实再增加的意义并不大。也就是说按照谷歌组织面试的水平，进行 4 轮面试，能通过面试达到岗位要求的比例是 85%。

以上两个例子是国外的。笔者曾经在组织中就小范围的专家招聘做过专项的结果调研，在年末就上半年招聘的高级别岗位由其上级进行评价，结果如图 4-2 所示。

也就是说，即使组织花了很大的精力在专家岗位的招聘上，到年底来看，成功率刚过 75%，一般岗位的招聘成功率就更差了。互联网上有一种说法是"中国组织的人才识别率，平均只有区区 30% 左右"。看到这个数据是不是很吃惊，甚至惊出一身冷汗！

那为什么组织仍然使用这样的方式来筛选人才呢？一是因为有好的案例，比如，戴维·E.佩里是佩里—马特尔国际公司管理合伙人，拥有长达 30 年的顶尖人才招募经验，经手的招募项目成功率高达 99.97%，

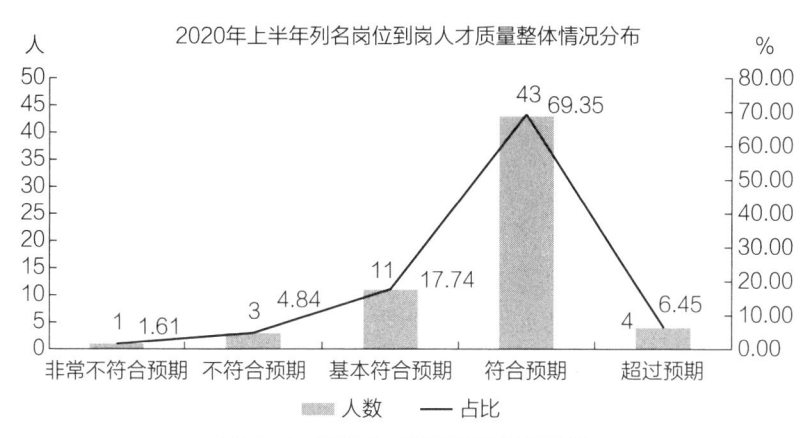

2020年上半年列名岗位到岗人才质量整体情况分布

类别	人数	占比(%)
非常不符合预期	1	1.61
不符合预期	3	4.84
基本符合预期	11	17.74
符合预期	43	69.35
超过预期	4	6.45

图 4-2　高端人才招聘质量调查数据

资料来源：笔者绘制。

涉及金额超 3 亿美元。所以我们相信组织中的专家可以做到这样的成功率，帮组织建立高人才密度！佩里确实是一个标杆，但在组织中甚至在行业中这样的人是凤毛麟角的。

于是乎在这样的情况下，组织的人才选拔进入了困境。除了奈飞的举措，对于当今中国的人力资源市场，应如何扭转局势呢？

首先要改变认知。人是复杂的，很难通过几次面试、笔试来百分之百选择出正确的人。真正能够有效筛选人的办法是在试用期再进行观察。我们认为组织应该设置 6 个月的"新人"试用期，这样能很清楚地看到招聘的新人是否合适。这就要求组织在试用期通过的这个环节加大考察力度，设置"抬杠者""异议者"。必须有角色被明确出来，帮助组织在这个节点挤掉招聘中的水分，如果这个关口把握好，那么组织的高人才密度就能够建立起来。

有的组织会讲 6 个月识别不出来，如校招生、某些较长商业周期的岗位。那也没有关系，就按照定期的人才盘点来判断。但无论如何，通过对入口、出口、内部调节三个方式的应用，达到组织内人和绩效的匹配才是关键。

其次，组织应该清楚，面试与其说是为组织选拔人才，不如说是为组织培养面试官。面试官正是在频繁的面试中建立行业认知并和行业保持关联的，把这一点作为对管理者，特别是对高级管理者的要求至关重要。

最后，笔者想说的是，组织和人才是一个双向选择的过程，在一个组织中不合适不意味着在其他组织中也不合适。好的社会治理环境、严格选拔人和培养人的组织环境和正能量的知识工作者、体力劳动者都是社会所需要的。

4.2.4　做好人才融入

人才招聘产生任用决策之后，要关注的是人才要融入新的环境中去，没有融入，就难言其他。有人说你这个说法针对的是招聘吧？不适用于内部人才！我想说的是凡是用人决策之后，都存在融入新环境的需求，这个时候正是组织和他们加强链接的时候。共产党任用干部有一个优良传统，就是任职前党组织的负责人要找你谈话，谈什么呢？组织为什么要用你（说清楚你的优势），以及希望你做什么（说清楚对你成绩的期望），同时还会问问你的困难（辅导和资源需求）。这对负责去谈话的人要求非常高！真正能执行好这些任务的人全部都是人才伯乐！

如果是在组织内部有丰富经验的人，一定要讲清楚为什么提拔他、希望他做什么，达到什么标准，问清楚资源需求，以及在这个战略项目执行过程中与上级的沟通反馈机制和周期，哪些任务和指标是我们在这个过程中尤应关注的。能清楚新岗位的岗位价值、贡献对应的主要任务、主要衡量指标以及实现这些任务和指标的方式，再加上平常的对齐和辅导，这个战略项目大概率是可以成功的。

如果是外部的人，在内部人员工作标准的基础上，还要增加"人才落地"的辅助项目。配备导师也好，工作搭档也好，要帮助新加入组织的管理者和专家能够相对顺利地了解情况，向利益相关人说明情况，了解组织已有的变革方式，进而能为战略任务的设计和执行落地进行重构性设计。其直接上级这个时候也要花时间与其进行交流和学习，因为组织内部之前没有这类优秀的人才，必须了解他们的专业性和特性，才能把握好其产出的范围和质量。

如果是新毕业生和工作经验不丰富的人，要关注内部工作任务执行的培养。目前在这方面，我们国家是相对缺少的，不如一些发达国家在标准化方面的案例多，但也不要灰心，你只要做几轮比赛，做一些萃取和设计，这些工作材料还是能够很好利用的。

最后说一下数字化支持。无论是入职时组织内部的办公设备配备、入职接待，还是员工辅导的记录，有数字化系统的支持会更加有利于我们加强和人才的链接、提高效率，有利于从行为层面判断人才。

4.2.5 通过人才盘点来评估和配置人才

人才盘点，既可以看作是对人力资源状况在当前时间点的评估，也可以看作是对未来人力资源在关键事件上的安排，有时候我们还会连带着对组织的环境和组织能力进行评估和安排。这个部分从三个方面加以阐述。

4.2.5.1 对当前的人力资源状况进行评估

我们当前的人力资源队伍在前一个阶段表现得如何，如何进行评价，

组织的演进

如何在组织中达成一致是组织经常遇到的问题，其中的重点是评价。

在人才盘点中，最重要的工具是九宫格：一个维度是绩效；一个维度是潜力，或者叫潜能。目前市面上有一些简单，甚至不入眼的描述进入了组织的实践中，例如绩效维度分为高绩效、中绩效、低绩效；潜能分为高潜能、中潜能和低潜能。然而，这样的描述在实际中并不妥。有谁认为自己是个低潜能的人呢？仅用绩效的高低评价也不能说明什么，应该去比较是否达到了我们的预期。如果是一个有序或者注重管理的组织，可以按照绩效之高于预期、符合预期、低于预期，潜能之应重点培养提拔、应扩展职责、应聚焦做好当前工作的标准对员工进行分类。

首先，说一下我们为什么要评估绩效。因为员工绩效本身是一个不断演进的过程。我们举个大家都明白的例子，以我们都熟悉的微信来说，刚开始他们团队的目标就是开发出微信，这个过程一是要快，二是要求在几个竞争的团队中获胜。这个时候向团队分解目标，这两个限制因素是非常明显的。当微信进入推广期，业务要求又以快速迭代为主要特点；待它已经成熟的时候，更多考虑的是安全和商业模式。虽然我们不知道团队中每个人的绩效目标是什么，但我们可以看出团队对每个人在每一个阶段中的表现、贡献要求是不同的！当然可以从上一个阶段表现中来预测下一个阶段的绩效表现，每个人的优势应该如何发挥等内容。因此，评价阶段贡献正是我们人才盘点要出的第一个主要成果。

客观地评价贡献只是第一步。对于这些人的贡献，可以向下延伸两点：第一，这个人成功的因素是什么？这个问题未必能回答正确，但是客观地回答这个问题，并向上级或者客户对齐，是一个重要的步骤，一方面能帮助我们持续用人所长，避其所短；另一方面对于我们帮助其他人，创建更好的组织氛围，提升能力和实践有一定的参考价值。第二，我们可以从这个人的成功故事中，让类似岗位的人学习组织场景下的技能。这是内部成功故事的萃取，案例未必会有很多，但一旦在人才盘点过程中，一个事例被 2~3 个层级的管理者认可并萃取推广，它在组织中的作用是巨大的。无论对于被萃取的个体，还是对于其他人的学习。这两个"延伸"被大部分组织忽略了。

其次，我们说说谁应该参加盘点过程，有时盘点是管理人员的主观判断。但无论如何，让被盘点的员工参加这些盘点，之后由主管来判断，并在某一个合适的时机组织专门汇报是合适的。无论从仪式感还是从收集足够信息的角度，都是合适的。但笔者不赞成在这个过程中实行 360 度评估，一是员工都在盘点过程中，都知道这是一个评价过程，此时实行 360 度评估会造成组织内部的相互"行贿"，形成不实事求是的组织文化，还容易"抱团取暖"，弊端远远大于利益；二是观察你聘用的管理者能否做到对下属的客观评价，这正是你发现他团队管理能力的时机。

最后，盘点后的结果要不要反馈。如果是一个评价结果，大家都知道肯定要反馈。但当前最重要的是受 GE 强制分布的影响，组织都会给员工一个 A、B、C、D 之类的等级。这是一个误解，也是当前人才盘点在组织中难以发挥应有作用的原因，某种程度上还造成了分裂。我的建议是：把优点和希望改进的点告知员工即可，没有必要公布一个等级。但可以把等级作为一个组织存档的材料。我之所以如此建议，有以下几个原因：我们的目的是要让员工知道自己的优势以及要提高的点，不是确认其是一个平凡人的事实，如果这个时候还用评出优秀的人去刺激他，不利于下一步的排兵布阵，不能让大家齐心协力地去为新的目标努力。有的人会问，没有最差等级，我如何淘汰人？如果你认为是要用这个等级去淘汰人，也可以把等级告诉员工。但无论如何你要知道目的是人与期望绩效的匹配，一切行为围绕这个目的开展。当然我们也需要去树立典型，去表扬人，在这个时候表扬，我们就能更多地做到"既表扬事，也表扬人"。

文化行为和文化符合度要不要在盘点过程中纳入进来，我的判断标准有二：一是你会不会在这个过程中提取优秀的案例，如果会，周期也符合，我认为可以纳入；二是会不会在组织层次更新我们的一些经营原则、行为描述以符合实际和新的战略业务，如果会，我也同意纳入。如果没有以上两点，只是填写一遍，那就是形式主义了。

4.2.5.2 基于战略进行人员的排兵布阵

每个人都有自己的岗位，还要在战略确定之后进行排兵布阵，这不是多此一举吗？显然事实和我们想的不同，原因有二：一是基层主管往往不太具备排兵布阵的能力，需要有人去辅导；二是对战略任务的认知要达成一致，首先要在重要工作任务分配和要达成的目标上达成一致。正是由于这个一致性的要求，我们才要在战略确定之后，用人才盘点的方式去实现排兵布阵。

排兵布阵的第一步是确定为了完成战略目标，有哪些是我们重点去做的任务，是核心任务，是必赢之战。这一步的识别，其实就是战略在具体业务部门的解码，这个解码是从业务部门视角来看的，是落地的视角，是组织后续运作的依据。因此，凡是有战略规划的部门都应该有战略解码的过程，识别什么是必赢之战。

有战役才需要有将军。这个时候选择将军，要看任务的需求，要看我们待选的将军们在上一个战役时期，甚至前几个战役中表现出来的特点是什么。要解答为什么在这个战役中这个将军是最合适的，一般情况下还要看看备选的 1~2 个。看完将军之后看团队配置，看需要配置的资源，这样我们的必赢之战就实现了在人力资源配置上的满足。

这个配置在实际操作上的满足，既有现有员工的意愿，也有管理者的引导，还有外部资源的支持，才能够最终实现，而排兵布阵的过程让我们看清楚了这一点。

对过去盘点用九宫格，对未来进行人员安排是不是也可以？当然是可以的。这个时候没有绩效，可以把对待新任务的态度作为一个维度，把胜任力匹配度作为另外一个维度，看组织的具体需要。总之，对未来的安排要保障三点：员工知道要做什么，有执行任务的能力及意愿。

通过排兵布阵，战略和业务的执行才能得到最大限度的支撑，才能把现有的资源效用最大化，才能看清楚对内的管理策略和发展动作，才能看清楚对人力资源市场的其他重要需求是什么，才能从组织的最高层管理者开始自上而下地对抗组织的惰性。

4.2.5.3 对改善组织能力和环境的评估

每个组织管理能力的改善都不是一蹴而就的，人员管理的能力尤其如此，必须有日拱一卒的意志和方法。既然在前面有提炼案例的过程，不妨把这个过程改为设计的过程。例如今年我们就做绩效目标的制定，看全组织中哪个管理者的方式最好，我们来比赛一下；明年我们就做绩效反馈，看谁对员工的反馈最好，也来 PK 看看，这样反馈的能力就得到锻炼了。不仅人员管理能力，核心流程的能力也可以拿来练习，例如什么样的业务洞察最准确，什么样的创新方式最实用，在赢下"必赢之战"的同时，如何磨炼组织能力也很重要。磨炼了组织能力，就改善了员工在组织中的生存环境。

以上三个部分仅是笔者从作为人才盘点项目的设计者、参与者和评价者的三个视角来综合阐述的。旨在帮助组织、团队在人才盘点的过程中看到亮点，看到人才在组织中成功的模式，看清下一步支持战略成果最大化的人力资本管理模式，看到组织需要在"边生产，边改进"中的提升机会。

4.3 管理绩效

与组织一样,绩效也是一个复杂且难以理解的词语,它的内涵十分丰富,我们还是先通过一些例子来理解绩效,进而阐述在组织和个体层面来管理绩效意味着什么。

4.3.1 从身边的事情说起

篮球在中国是一个很受欢迎的运动项目,我们从这个运动项目说起吧。

我们去社区周围的篮球场看看,人们在篮球场上,最常做的动作是什么?没错,是投篮!投篮成功能带给人成就感,每个人都愿意把自己的球投进篮筐,这证明自己的身体控制力很好,同时这也是一个即时的,让人感觉达到目标的反馈。篮球比赛就是进攻比谁投得准,防守比谁限制对方投得不准。

那如何能够投准呢?当然是离篮筐越近命中率就越高嘛,所以投篮的时候最好能离篮筐近一些。实际比赛中离篮筐近一些,可能吗?可能性不大!因为高个子在篮筐底下呢,你没有机会!如果从这个视角来看,篮球还真是一个高个子的运动,所以我们打球都喜欢和高个子一个队,这样高个子就能帮我们队得分。

那除了身高天赋,对于普通人来讲,有没有别的技巧能弥补身高的不足呢?有!是投篮技术!哪个投篮技术靠谱呢?打板进筐。也就是在投篮的时候,我们不用瞄准篮筐,而是瞄准篮板上那个白色的框,让篮球从这里找到一条路径弹进去。前些年 NBA 有个历史级别的球员蒂姆·邓肯就很喜欢用这个技术，稳定得不得了，加之他的性格，大家称他为"石佛"，可见其技术稳定性（也可见其得分这个绩效的稳定性）。如果经过不断的练习，掌握了打板进筐技术，命中率会极大地提高。即使身高不够，照样可以成为左右比赛胜负的关键人物。在这个过程中，篮板上的白框就是"靠山"和"帮手"，它能够引导打球者将篮球"拨进"篮筐得分。

打板进筐有一个不足，就是它有位置要求，如果你站在底角，就失去角度了。就是说打板需要有一定的角度才能更好地找到路线，这样就对你的跑位造成影响，对方的防守也会更容易。那这个时候怎么办呢？就又回到篮球场上很多人练习的环节——投篮。大伙普遍的认知是熟能生巧，我多练几遍自然命中率就提高了。但这里有三个要点：第一，身体要舒展（舒展是第一个要点）向上投，只要投的弧线高一些，球进的概率就更大些；第二是持球的动作，左手来护球，辅助保持方向，篮球和手掌之间要有间隙；第三，主要靠右手除拇指外的四个手指把球拨出去。掌握了这三点，你会发现在球场任何你力量可及的位置，都可以自信地找到路径投进，这样才能保证在团队配合的时候你顺畅地跑位。我们仔细观察好的投手，从迈克尔·乔丹到斯蒂芬·库里，他们的投篮都遵循这样的技术要领。而且按照这样的技术要领，能迅速地反馈给你是因为哪一点做得不好导致没有投进，可以进行快速调整。

在确定的时间内得分多少是衡量一个篮球团队绩效的方式，所以从进攻上来说，你就要寻找这样更加确定的方式，或依赖个人能力，或依赖团队战术配合，用最稳妥的方式得到分数；在防守方面，要尽量破坏对方强的个体进攻，不让他有轻松打板的机会，封锁他的投篮弧线，破坏对方的团队配合，同时增加自己团队进攻的机会。长久实行这样的训练战术和技术，球队便有了更多赢的机会。

从体育运动到战争，从小团队到商业组织，就是这种重新设计并获取优势的能力让优胜者占据了巨大优势，因为一旦具备这样的能力，双方就不在一个维度下公平竞争了，而是被拖入别人的优势领域。在这种情况下想赢，无论是体育比赛，还是商业竞争，概率都微乎其微了。

这个部分需要让大家认识到，当然可向人才要绩效，但当我们从外向内看的时候，绩效是组织设计之下的竞争，工作越细分，我们越要认识到组织中靠个人产出的成果远远少于组织协同产出的结果。因此如何设计协同机制是绩效的首要问题，且这个问题值得拿出来认真讨论和对待。

4.3.2 从故事到理论

前一节，我们讲了篮球的例子，并引申到战争和商业竞争中。都是在讲一个人、一个团队甚至一个社会群体获得技能，进而取得优势和绩效的故事。在人类历史上，这样获得技能的事情是如何发生的呢？弄清了这个脉络，我们就能知其然，又知其所以然了。

人类，或者说人群之间知识传递的第一个方式是姻亲，特别是不同民族的通婚会传播新的技术。历史上文成公主和松赞干布就是很好的一个例子。但这种方式的效率很低，在一般情况下，一个民族的产业到成为另外一个民族的产业，至少需要上百年的时间，这也就解释了为什么西方甘愿那么长时间高价购买中国的茶叶、丝绸和瓷器，因为历史条件不允许！知识、技能的传递条件不具备。当然那个时候人类也没有认识到知识的力量。

不同民族和不同区域之间的姻亲是一个小概率事件，所以知识传递的方式后来有了新的发展，就是传统意义上的师徒制。一个有潜力，被师傅认可的年轻人经过3~5年的跟随性学习，将师傅在该领域的技能全部学到手。各类手工业协会都是这样建立起来的，给外人的印象是这类行业的手艺人都是有诀窍的，是不可能短时间学会的，这个认知在人类头脑中存在了1000多年。

彻底打破这个认知的人就是科学管理之父，弗雷德里克·温斯洛·泰勒。泰勒认为工作是可以被拆解、被分析和被设计的。这位美国人开创的领先全球的新思想带来了本质性革命。泰勒以后，美国不少组织中的岗位被采用科学的方法予以拆解、分析、标准化和培训。采取了这个方法之后，人类进入一个新领域的学习时间变成了多少呢？3个月左右！这个进步是巨大的，是颠覆人的直觉的，所以讨厌泰勒的人很多，工人和工会都很讨厌他，因为他破坏了行业协会有诀窍这个认知。资本家也不喜欢他，因为他主张生产率提升后给工人涨工资。1911年，在美国陆军军械部部长克罗泽的支持下，泰勒在马萨诸塞的沃特顿兵工厂和伊利诺伊的罗克艾兰兵工厂进行科学管理实验。具体实施科学管理的梅里克在沃特顿兵工厂解雇拒绝配合的工会会员引起罢工，美国国会众议院组成特别委员会展开调查之后，泰勒在美国和全球才被广泛地认知和认可。

除非后续在人脑和机器接口方面发生革命性的变革，或者我们能够找到更好的方式来学习，否则现在人类的学习方式还会在科学管理的指导下继续发展。如果这个发展要惠及你的组织，就要求你要认可、相信，并真正地去实践这个理论。

我们接着来说两个真实的研究，使我们在关注绩效时候，能够看清楚这里面的基本道理。

我们先说第一位研究者，他叫托马斯·吉尔伯特，出版了一本很有名

的书叫 *Human Competence: Engineering Worthy Performance*。在这本书中，他提出了一个模型和三个公式，这个模型被称为行为工程模型（BEM）（见图4-3）。

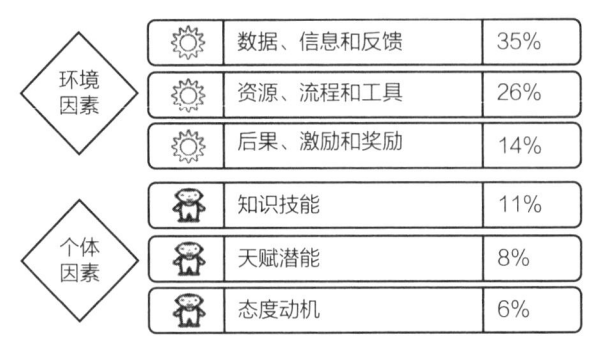

环境因素	数据、信息和反馈	35%
	资源、流程和工具	26%
	后果、激励和奖励	14%
个体因素	知识技能	11%
	天赋潜能	8%
	态度动机	6%

图4-3 行为工程模型

资料来源：华商基业。

这个模型是吉尔伯特在广泛调研的基础上形成的，不是一个单纯的理论研究结果。也就是说，组织中的环境对员工工作绩效的相关性是75%，而员工个体是25%。这个认知是颠覆性的，但这个研究结果经受住了现实的考验。

除了这个模型，吉尔伯特还有三个公式值得大家关注。第一个公式是：$P=BA$。其中 P 是 performance，绩效；B 是 behavior，行为；A 是 accomplishment，完成、成就。也就是说，绩效是由人的行为完成的成就。第二个公式是：$W=A/B$，A、B 的意思与第一个公式相同，W 是 worthy performance，有价值的绩效。"有价值"是经济学上的含义，它衡量的是为实现绩效目标所付出的投入与绩效结果产出的价值之间的相对关系，也就是"绩效结果投入与产出比"。第三个公式是：$PIP=Wex/Wt$。它指出了"某一名员工绩效提升的潜能有多大"，PIP 指的是绩效提升潜能（potential for improving performance），Wex 是团队中绩效表现最佳的员工，Wt 则是绩效表现一般的员工。最佳员工与一般员工的绩效比值就是可提升的空间。吉尔伯特发现：保险推销员的绩效提升潜能指数为 14，印刷车间经理是 6，培训课程开发人员是 25，而数学老师是 30。

看完吉尔伯特的研究，你找到重点了吗？在一个组织中如何创建环境是重点，如何找到从 Wt 到 Wex 的路径是关键；如何重新塑造员工的工作行为 B 也很关键。你看他是不是进一步把泰勒的理论发扬光大了？如果说泰勒理论还是停在纯工厂背景的阶段，那么吉尔伯特的研究则可以直接运用到所有的组织中去。

接下来我们来说第二个研究，这个研究有助于大家从团队的视角来看待绩效，这位学者叫 Richard Hackman。我们来看卓越团队的六大条件（见图 4-4）。

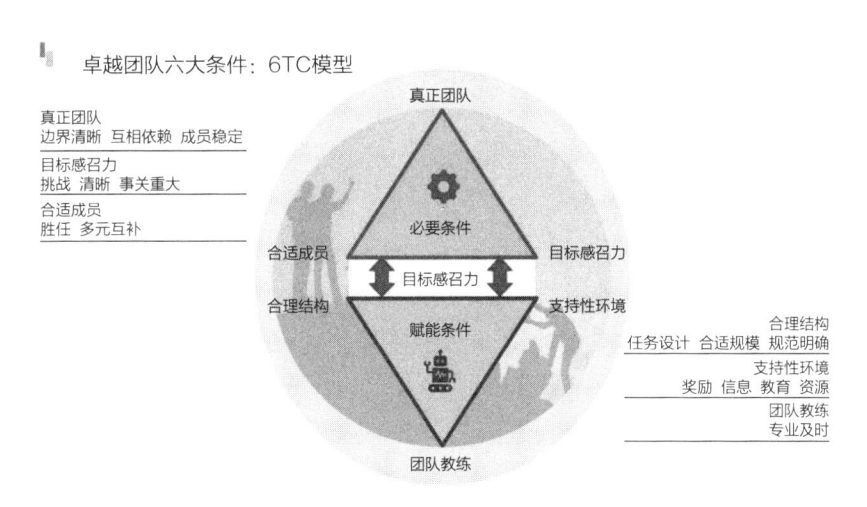

图 4-4 卓越团队的六大条件

资料来源：希典咨询。

它分为必要条件和赋能条件，其中必要条件有三个：真正团队、目标感召力和合适成员。在每个条件下又进行了细分，赋能条件也分为三个：合理结构、支持性环境和团队教练。那么具备这些条件，就能自然而然地实现绩效吗？Richard Hackman 又将从卓越团队到绩效的过程进行了总结（见图 4-5）。

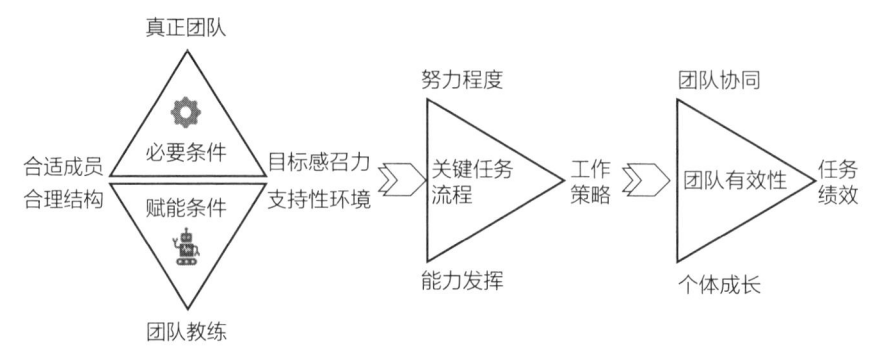

图 4-5　团队诊断的 12 个指标

资料来源：希典咨询。

卓越团队通过执行关键任务流程（依赖执行关键任务流程时的工作策略，每个人的努力程度和能力发挥，至少是关键岗位的能力发挥），在维持团队有效性的基础上达成任务绩效，团队有效性不仅产出绩效，而且要持续维持团队协同和个体成长。

我们来看一组实际有代表性的研究（见图 4-6），大家来看看是否符合我们当前的现状。由于数据保密的要求，我仅使用黑色、灰色和白色来代表在这项测试中的得分，分别是低、中、高。

首先，大家对结果并不太满意（5 分制），但是个体成长和团队协同尚可（你的组织有这样的标准吗？如果没有，就说明这个尚可，也只是一种人际感知状态）；对工作策略普遍不满意，对努力程度也基本呈负面态度；在卓越团队建设方面，普遍感觉到支持性环境差，很难找到合适的成员；最后，没有什么心理安全感。对比你的组织，有没有击中你的痛点？

这个研究说明我们在组织管理领域的基本认知上出现了偏差，这些偏差基于我们长久的潜意识形成，和管理学的基础研究出现了重大偏差。

那么如果我们要在组织中取得更大的成绩，应该从哪些方面入手呢？

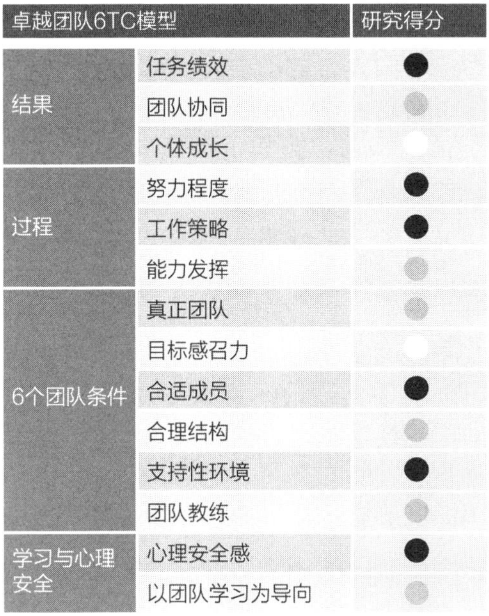

卓越团队6TC模型		研究得分
结果	任务绩效	●
	团队协同	◐
	个体成长	○
过程	努力程度	●
	工作策略	●
	能力发挥	◐
6个团队条件	真正团队	◐
	目标感召力	○
	合适成员	●
	合理结构	◐
	支持性环境	●
	团队教练	◐
学习与心理安全	心理安全感	●
	以团队学习为导向	◐

图 4-6 一个基于 TDS 的研究实例

资料来源：根据希典咨询材料，由笔者绘制。

首先，要提升对有效团队构成、过程和结果的认知：通过吸取成员的智慧，提供有安全感的环境；提出具有前瞻性和感召力的团队目标，并予以清晰的描述；事先明确达成目标后的激励制度。

其次，必须重视招聘环节实现人岗匹配，并找到方法来帮助绩效水平一般的成员，借助于团队之力使其成长为高绩效人员。

最后，要有专人来设计和维护工作相关的流程、边界和任务，尤其是和关键组织能力相关的工作领域。

通过上述步骤，组织中能够持续获得和工作相关的信息、数据、反馈、资源、流程，形成数据库或知识库。

4.3.3 开放系统下的组织绩效

接下来这一节，我们先考察组织获得绩效的过程。在组织中，当扫描商业环境和竞争形势时，人们首先想到的是一组结果如组织绩效。人们总是希望自己的组织在商业环境和竞争下，能够取得一组绩效并保障自身生存下来和持续竞争。从战略的角度讲，就是要维护组织的经营之道。上述想法很容易流为一厢情愿的想法，往往远离真实，正所谓"理想很丰满，现实很骨感"。

现实是在分析环境之后要形成战略，战略的执行要经过认真设计，要有组织能力积淀。在战略执行和落地的时候，成员还会受到组织原有行为模式、文化和惯性的影响。只有经过现实中的一系列过程之后，才能知道在真实世界中所获得的组织绩效。这里是组织绩效获得的简要模型（见图 4-7）。

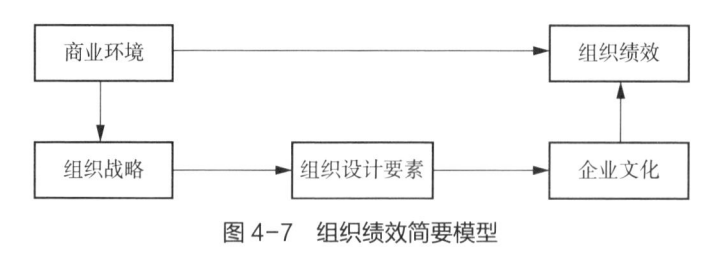

图 4-7 组织绩效简要模型

资料来源：笔者根据大卫·汉纳的《组织设计》绘制。

实际上，组织绩效的获得需要系统性努力。需要真正的团队，围绕

第4章 向人才要绩效

目标进行协作；需要在已有环境、流程、工具的支持下，进行反复、连续的执行和选择。在这个动态的、发展的系统过程中，需要关注组织战略、组织结构和设计、组织文化等方面的影响。事实上，当战略确定下来以后，执行就成了头等大事。执行过程对绩效的影响有的时候要大于战略本身对于绩效的影响。管理者一定要注意战略执行过程，很多时候它就是一场变革，一场关系到组织结构、组织文化等要素的变革。在系统性落地过程中，下面阐明其中的要素和关键任务（见图4-8）。

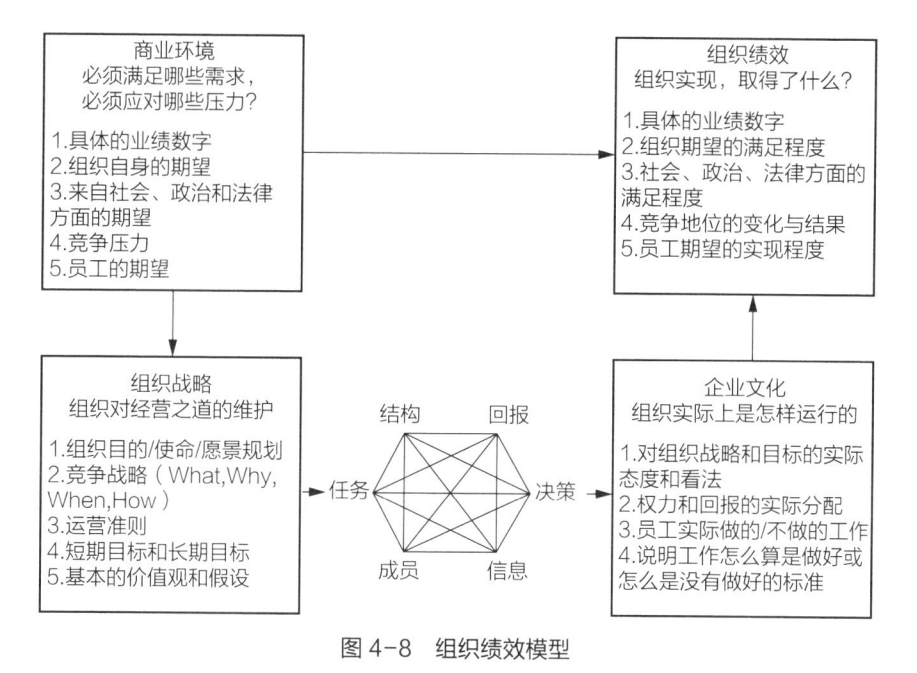

商业环境
必须满足哪些需求，必须应对哪些压力？
1. 具体的业绩数字
2. 组织自身的期望
3. 来自社会、政治和法律方面的期望
4. 竞争压力
5. 员工的期望

组织绩效
组织实现，取得了什么？
1. 具体的业绩数字
2. 组织期望的满足程度
3. 社会、政治、法律方面的满足程度
4. 竞争地位的变化与结果
5. 员工期望的实现程度

组织战略
组织对经营之道的维护
1. 组织目的/使命/愿景规划
2. 竞争战略（What, Why, When, How）
3. 运营准则
4. 短期目标和长期目标
5. 基本的价值观和假设

（结构、回报、任务、决策、成员、信息）

企业文化
组织实际上是怎样运行的
1. 对组织战略和目标的实际态度和看法
2. 权力和回报的实际分配
3. 员工实际做的/不做的工作
4. 说明工作怎么算是做好或怎么是没有做好的标准

图4-8 组织绩效模型

资料来源：笔者根据大卫·汉纳的《组织设计》绘制。

通过图4-8，可以看到战略落地，即有效执行是个系统工程。如果组织要取得业绩，获得成长，就要有系统的管理。这里的关键环节有：基于战略厘清关键任务；以关键任务和流程为依据，进行组织设计和结构优化，并和其他正式的管理制度进行配套。在此基础上，还要发挥组织文化的功能，将非正式的协调机制和正式的协调机制加以整合，从而更好支持组织战略落地，实现组织绩效。统筹上述要素间关系的责任在领导人那里，这是其职责、关键任务！

如图4-8所示，组织在战略落地和获取绩效的过程中，应该重点考察流程任务、组织结构、成员管理、信息分享、回报激励和决策六大要素间的配套和整体性。在此基础上，还要建立六大正式协调机制和非正式协调机制文化之间的有机联结。下面描述策略和做法：

首先，在战略制定过程中，要增加关键员工的输入。这样可以集思广益。这里并不是说由员工来定战略，而是通过有代表性员工的参与，让他们理解战略全景，同时也给规划者更多元的视角。通过参与战略制定过程，关键员工能够理解战略的 Why 和 What。在此基础上，他们在 How 方面的执行会更到位。战略制定过程包含这样的双向过程，即自上而下和自下而上，两个过程相互交错几轮，战略的全景和日后的执行会更清晰。

其次，是识别关键任务。如果要做到执行到位并赢得结果，组织要多在渠道、产品、供应商关系的建立等方面，思考关键任务和节点。这些关键任务识别清楚了，流程节点分析到位了，再配置最匹配的人，就能够保障执行的到位和效果。

最后，是上述过程中的信息保留、决策评估和沟通方式的确定等。基于这些信息和留痕过程，可以在下一轮的执行过程中加以纠偏和优化。这一环节的关键经常在于对负责人的调整；还有事先明确对关键任务达成后给予什么报酬和回报，并稳定参与者的预期。

在这里笔者想说明的是：上述每一个环节以及环节之间的关系，都是要通过长期的实践和迭代才能稳定下来，并形成系统性成长力量。在真实的管理过程中，管理者需要深谙过程改进背后的原理。用我党的讲法就是干部要善于发动群众、组织群众和引导群众。此原理也同样适用于组织变革和转型。在组织场景中，我们会看到高管较容易去争取到大客户合同，这是有价值的，但更有价值的是，高管如何确保组织具有长久的、坚韧地取得更多大客户订单的能力。这一组织能力的建设是组织中高层管理者不可推卸的责任！对于组织而言，竞争始于大客户发标的时候，更要关注发标背后组织应该开展的大客户管理能力。通过管理，组织应该在内部建立可以持续积累和优化的闭环改进结构，并日积月累地加以改进。只有不断集成、稳步推进、集腋成裘，才能长期维持竞争力。

从组织理论的角度看，有效执行和绩效是三个维度的统筹：战略维度、协调机制维度和员工管理维度。如果我们仅从员工管理单一维度，来要求执行、要求组织绩效，这显然是不全面的。只有具备统和视角、系统视角和开放视角，组织才能真正做到执行力强，绩效好，并能够获得可持续发展的有生力量！

4.3.4　管理员工绩效

当我们在员工层面讲管理绩效时，意味着组织已经承诺持续地改善员工取得绩效的活动，并能够为员工获得绩效提供数据、信息和反馈，提供资源、流程和工具，并明确结构、激励和奖励。通过系列管理动作，为员工获得绩效提供稳定预期。

首先要清楚如何确定目标。从自由和责任的角度看，员工应该自发地提出目标，乃至提出挑战性的目标。但员工目标的提出需要信息支撑，即上一级的组织目标。一般情况下这里会有两类目标：一类是业务目标，另一类是个人发展目标。两类都可以提，但在跟踪和监督时，可以分开进行。

员工提出目标后就结束了吗？显然这只是一个开始，员工的上级需要和每一个下属确定绩效目标（一般来讲，这个目标是年度的）。基于组织不同，有使用 KPI 的，有使用 OKR 的，也有使用 OKR 改进版的情况和场景。其中最重要的环节是达成共识！这类共识一般有以下两类：一是删减目标，绝大部分知识工作者不是把目标定低了，而是相反，他们定高了。有时他们想解决数年来困扰他们的问题，却找不到很好的路径，所以这个时候就要求他们聚焦，聚焦在 1~2 个点上进行演化式推进。二是如何深化描述一个目标，是在客户端取得成绩，还是在创新方式上取得成绩，有没有现成的资源，用什么方式推进，使用什么样的机制，都有谁需要参与，参与者之间如何协同，需要谁在什么时候参加。在这个过程中，如果员工能够感受到组织或上司的信任，其积极性能够提升。

过程管理怎么办呢？要靠定期的对话，而且是一对一的绩效对话。这个过程也涉及管理变化和协调资源，有的时候还有战略时机的判断。在关键事件上不怕管控周期短。只要具备条件，利益相关人都认可且能满足管控要求即可，也可以单独就重大事件安排流程。

在相对长周期评价的环节，上级可以直接给予反馈和评价，也可以开展集中的集体评价，当然最终评价的传达还是一对一的。这个时候会有重大发现，半年或者一年周期下来，会有真正的创新实践出现在员工汇报中。当然，管理者在过程中就了解并支持了这些实践。在这种情况下，一定要有意识地和这些员工共创，将优秀实践萃取出来，并让当事人在总结大会上演讲，为下一阶段所有相关人员行动提供样板。这个环节是很占用管理者的时间和精力的，因为涉及人的行为、流程和新工具，以及新理念的应用。萃取要有高度，也要实事求是，还要可以推广。

4.3.5 小结

通过前面的论述，读者应该对好绩效是管理出来的这一结论有了更清楚的认识：绩效来源于对使命的理解，更来源于设计——对组织能力的设计、对群体活动的设计，当然设计还可以看成选择。一旦选择或设计确定下来，就要下苦功夫，找到一个、多个系列可以循环的步骤来持续改进。只有这样，组织和管理者才能为员工绩效的产生创造有效条件。

从员工层面来看，绩效是成长和成就感的主要来源。绩效获得和员工成长密切相关。员工成长则需要有明确的达到卓越工作水准的路线图、必要的环境支持以及员工自身必须具备的潜力和潜能。

只有当组织管理和员工成长相辅相成的时候，组织才能成为非凡的组织，并能够持续获得绩效和卓越成就！

4.4　等级 2 的组织

田涛在访谈华为公司前组织部长吕克时，吕克说："我们有 15 万人（2013 年数据），真正发挥作用的人有多少？悲观估计可能就百分之三四十的人，乐观点可能有百分之七八十的人。但还有百分之二三十的人就在混日子。"吕克有忧患意识，一下就抓住了重点：向人才要绩效（即让人才真正发挥作用），这就需要做好人力资源管理工作，尤其是人才的招聘和配置以及绩效管理。

在本章中，我们首先介绍了奈飞的例子，并指出奈飞的成功是抓住了人才管理和管理绩效两个关键点。Richard Hackman 的研究也表明，组织需要创建必要条件、对员工加以赋能条件并提升流程效能，才能帮助员工取得绩效。另外，在奈飞这个案例中，我们可以清楚地看到公司花大力气在寻找最匹配岗位和公司的员工，并使其成为同行业中的佼佼者。

接着，我们将焦点对准人才招聘与配置管理。这里我们对校招、社招中的常见问题分别进行了阐述，并提出解决方案。在人才配置管理过程中，一定要注意招聘不是重点，有效的配置才是要格外关注的。招聘的目的是有效配置。除此以外，员工的招聘和配置要围绕四个目标来进行。掌握了上述原则和做法，组织才能够在各类人才配置活动中游刃有余，做出自己的特色。

绩效环节，我们称为管理绩效，之所以不使用"绩效管理"是在表明，绩效是管理者的责任，无论是组织层面的绩效还是员工层面的绩效，共同看清目标，创建绩效达成的环境是领导者不可推卸的职责。认识到这一点，并找到合适的人才后，组织才有可能在成熟度 1 级的基础上，跃迁到成熟度 2 级别。

比较而言，成熟度 2 相对于成熟度 1 是进步的。通过人才的招聘和配置，管理组织绩效和员工绩效，组织有可能摆脱"一言堂"，并向着良将如云的方向迈进。这需要组织领袖有决心，也需要专业工作者有信心，并为组织做出自己的贡献。

除了人才招聘与配置、管理绩效两个重点以外，薪酬管理也是必不可少的。这是组织层面必须进行设计的激励维度，要由组织中的管理者来进行有激励意图的分配。作为其他的配套措施，沟通与协调按照管理绩效本身的需求来进行，主要有上下级之间的沟通和矛盾的协调。另外，培训在这个阶段主要聚焦于当前以及将来所需要的知识，对业务的影响还比较小。工作环境则是支持性的，要求配备相应的工作条件，并将环境中的影响因素最小化。

4.5　行动起来

虽然人才配置和管理绩效看起来很容易，但在组织中很容易陷入死循环。因为战略只出现在合适的人头脑中，有合适的战略才有明确的绩效目标，才知道配置什么样的人才。相反，如果组织、团队目前没有人才，战略和绩效就处在相对模糊的阶段，反过来又影响了人的成长。因此，搞清楚从哪里行动是非常重要的。

一般来讲，组织、团队负责人都有自己非常擅长的专业领域，在这些领域内要找到合适的人（除了自己之外），也就是说首先要找到自己有能力判断的领域，在这个领域中确定明确的战略—绩效—人才循环。

如果对某个必须重点建设的专业领域组织、团队负责人不是很熟悉，那就要向内外找到这样的人才，然后引导其形成战略—绩效—人才闭环的系统。这个尝试的过程很重要，对此负主要责任的业务领导人要担起责任，组织要经得起"实验"和"校准"。另外，还要注意一个特别常见的现象，就是无论如何"实验"和"校准"，某些关键岗位总是无法有人能够胜任，这个时候要重新审视岗位在流程中的价值，或许将岗位职责重新划分，以及为这个岗位配置一个熟悉组织的"平凡人"正是组织能力建设所要求的。

总之，人才配置过程对组织来讲是一个永远不过时的话题。一方面人才总能给我们带来惊喜；另一方面组织中的所有人都想竞争成为"人才"，拿到绩效。

在笔者的观察中，还有一类特别的现象，随着领导识别"人才"的进程，领导周围的"小圈子"也逐渐形成了，这是一个好现象，也是一个坏现象。好的方面是说组织、团队有了专业的、互补的领导集体，坏的方面是组织、团队的负责人会停止前进的步伐，陷入这个小圈子。组织要想不断地进步，这个小圈子一定是围绕组织的战略，在竞争中获得持续优势来不断更新的，组织、团队的负责人要有这个认知，要有基于这个认知的管理实践活动。

第 5 章
向业务变革要成果

5.1 一个 IPD 流程成功落地案例

IBM 顾问帮助华为 IPD 落地成功后，此产品集成开发流程名震天下，但在后续跟进的组织中，很少见到成功者。基本上都是第一轮学习流程，成立一些委员会，却很难有效运转。以 R 公司为例，其第一轮 IPD 流程的落地也以成效不理想结束了。但 R 公司 CEO 认为，此流程的落地必须重新再来。于是，我们有幸听到了这个独立自主开展 IPD 流程落地的故事。

为什么众多科技组织要开展 IPD 流程在组织内部的落地呢？笔者听到的回答基本相似，一是要借鉴华为集公司之力提升产品开发的效率，提升产品开发的成功率，提升研发的投入产出比的经验；二是构建组织创新能力，为市场竞争提供护城河。这个里面的隐痛，是这些组织以前赖以生存的强人模式（信赖业务高手）无法继续支持组织的系统性增长。在这个阶段，组织需要通过产品集成开发流程来满足市场竞争的需求。但在真正实施的过程中，很多组织被复杂度打败。R 企业在复盘过程中就认为，营销和产品岗位的流程执行能力不足是造成这个流程落地难的根本原因：既没有办法自己把工作扎实落地，又很难对其他职能的工作产生影响。

第 5 章 向业务变革要成果

R 企业改进的第一步是将主要精力转移到对产品经理岗位的分析上，并仔细复盘第一轮落地时的要求，如图 5-1 所示。基于此图，项目组对

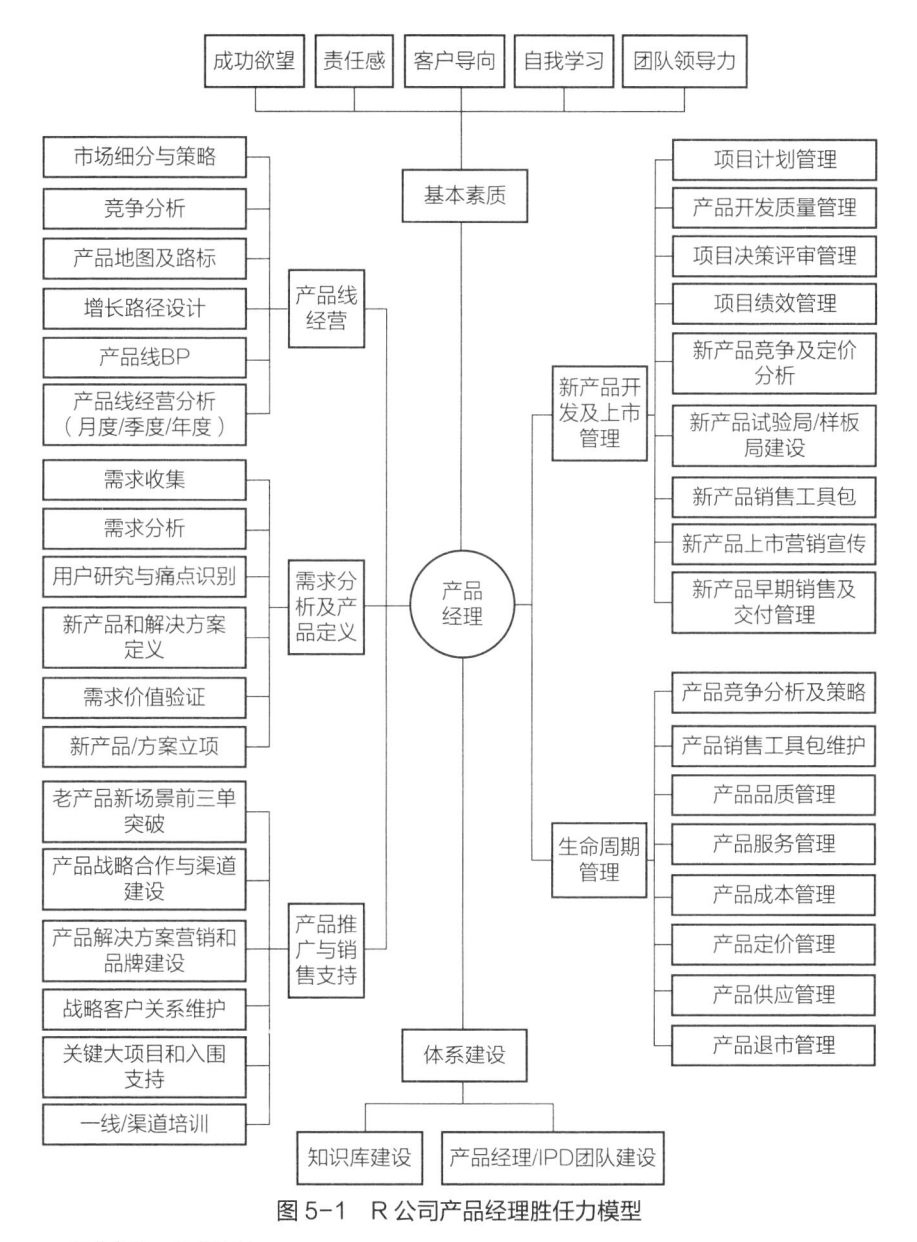

图 5-1 R 公司产品经理胜任力模型

资料来源：笔者绘制。

组织的演进→

产品经理的基本素质进行细化描述，对各项职责下面的任务需要哪些知识进行说明，用对知识的考试来验证产品经理是否合格，用产品经理的绩效指标来牵引产品经理明确学习的方向。纵观国内组织在落地IPD时，基本采用的是类似的方法，显然得到的结果也是基本相同的。

在这种情况下，为了保障产品经理有发展，还定义了产品经理的发展路径，在内部称为"汇报关系"。随着级别的升高，对图5-1中产品经理对应的内容覆盖也更多（见图5-2）。

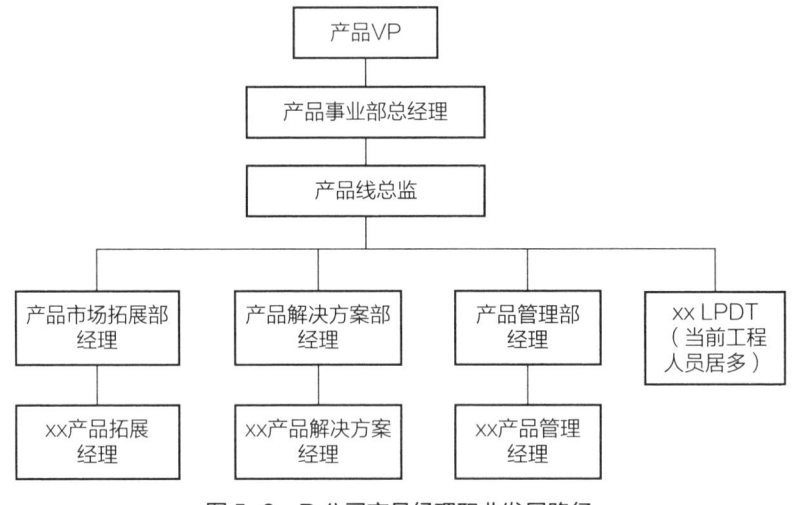

图5-2 R公司产品经理职业发展路径

资料来源：笔者绘制。

显然，上面的做法是基于"想象"而非现实，是基于外行对内行的要求，而非基于内行专业规律的运营。认识到这一点，是整个项目转折的关键。R公司项目组开始对产品经理这个岗位进行了两轮分析。第一轮运用"工作分析工作坊"对产品经理的工作进行划分；第二轮用"专家法"对产品经理的工作进行了界定，界定之后再和IPD流程去对应。产品经理的分析及其与流程的对应情况如下（见图5-3和图5-4）。

第5章 向业务变革要成果

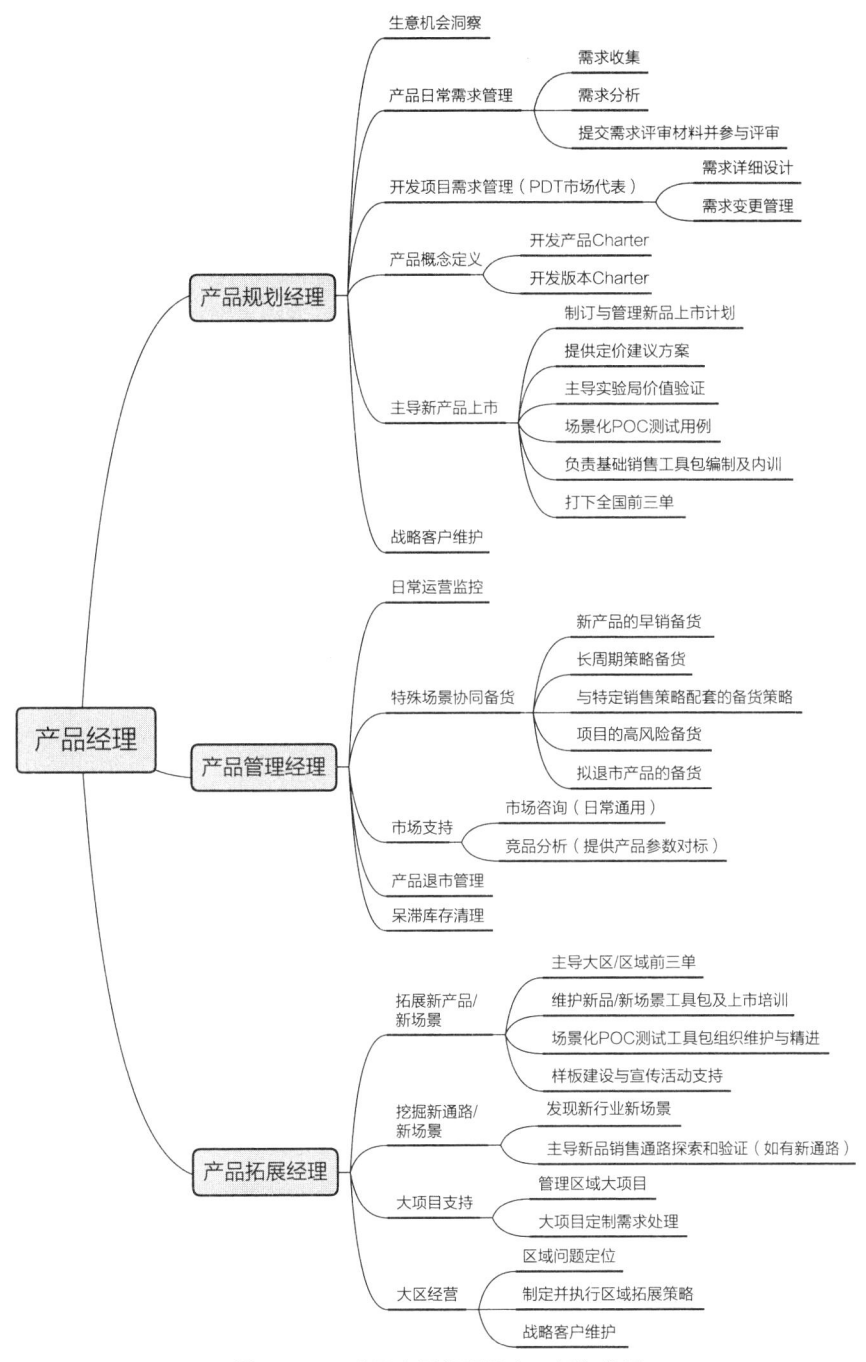

```
产品经理
├── 产品规划经理
│   ├── 生意机会洞察
│   ├── 产品日常需求管理
│   │   ├── 需求收集
│   │   ├── 需求分析
│   │   └── 提交需求评审材料并参与评审
│   ├── 开发项目需求管理（PDT市场代表）
│   │   ├── 需求详细设计
│   │   └── 需求变更管理
│   ├── 产品概念定义
│   │   ├── 开发产品Charter
│   │   └── 开发版本Charter
│   ├── 主导新产品上市
│   │   ├── 制订与管理新品上市计划
│   │   ├── 提供定价建议方案
│   │   ├── 主导实验局价值验证
│   │   ├── 场景化POC测试用例
│   │   ├── 负责基础销售工具包编制及内训
│   │   └── 打下全国前三单
│   └── 战略客户维护
├── 产品管理经理
│   ├── 日常运营监控
│   ├── 特殊场景协同备货
│   │   ├── 新产品的早销备货
│   │   ├── 长周期策略备货
│   │   ├── 与特定销售策略配套的备货策略
│   │   ├── 项目的高风险备货
│   │   └── 拟退市产品的备货
│   ├── 市场支持
│   │   ├── 市场咨询（日常通用）
│   │   └── 竞品分析（提供产品参数对标）
│   ├── 产品退市管理
│   └── 呆滞库存清理
└── 产品拓展经理
    ├── 拓展新产品/新场景
    │   ├── 主导大区/区域前三单
    │   ├── 维护新品/新场景工具包及上市培训
    │   ├── 场景化POC测试工具包组织维护与精进
    │   └── 样板建设与宣传活动支持
    ├── 挖掘新通路/新场景
    │   ├── 发现新行业新场景
    │   └── 主导新品销售通路探索和验证（如有新通路）
    ├── 大项目支持
    │   ├── 管理区域大项目
    │   └── 大项目定制需求处理
    └── 大区经营
        ├── 区域问题定位
        ├── 制定并执行区域拓展策略
        └── 战略客户维护
```

图 5-3 R公司产品经理职责、任务分析

资料来源：笔者绘制。

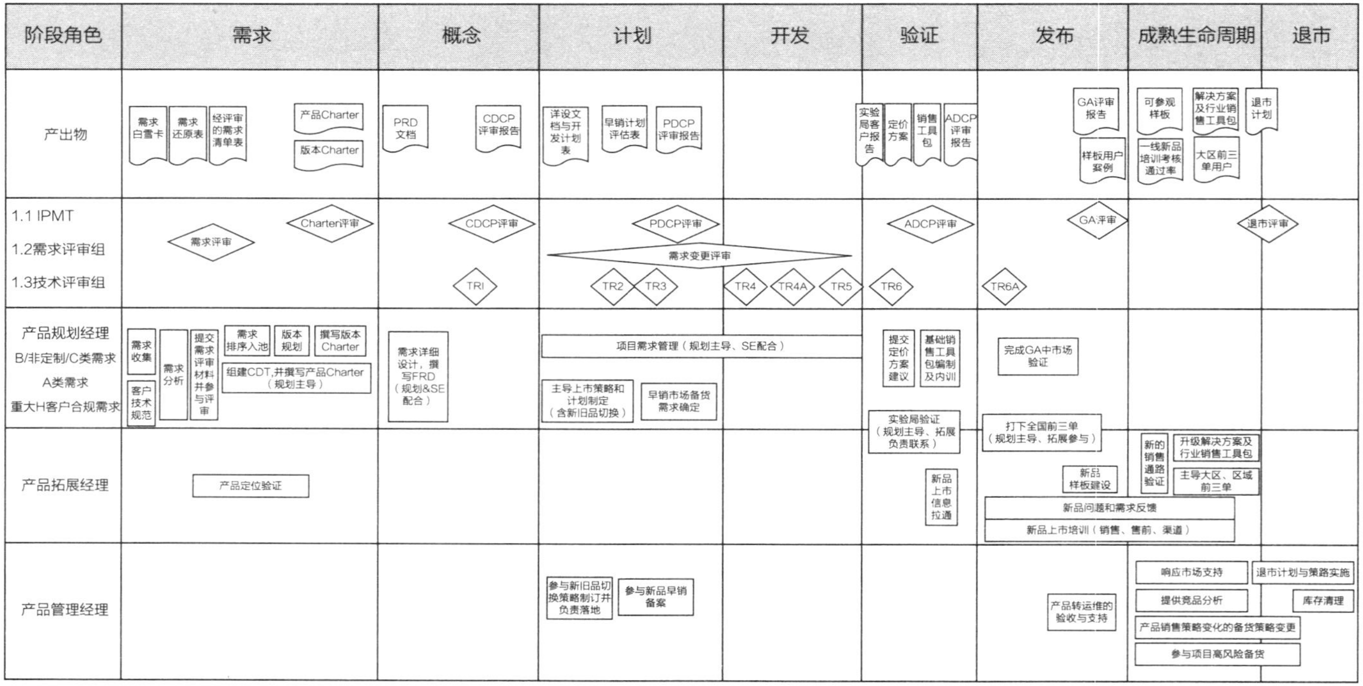

组织的演进→

图 5-4 R公司IPD流程与产品经理岗位任务对应匹配情况

资料来源：笔者绘制。

通过这两轮分析和界定，项目组发现产品经理有三类岗位，即规划、管理与拓展。这三类岗位的职责是截然不同的。在此认识的基础上，再将岗位职责分解成任务去和 IPD 流程相比较、对应，这样实际执行流程中的任务就与产品经理岗位职责中的任务一一对应了，这个对应解决了之前落地时流程和人员胜任力两张皮的问题。

此时，参与项目的专家普遍兴趣盎然，认为组织内终于有人说清楚流程和岗位职责之间的对应关系了。然而说清楚只是第一步，应该如何教会员工做呢？不能再按照之前考试的方法吧。这个时候项目组再进行探索。首先选定产品日常需求管理这个任务来进行萃取，之所以选择这个任务是这个任务足够重要，也足够难，更关键的是这个任务是产品经理和产品开发过程的起点。经过 3 轮组织内的大讨论，组织确定了需求收集、需求还原和需求评审的具体流程、具体步骤、方法、输入输出、实际场景中常见的难点以及解法，将其作为产品经理实施这个任务的培训材料。以需求的 3 个任务为例，在组织内部组织专家进行产品经理 14 项职责，33 项任务的开发，如果再向下看一层，最后达到了 1000 项以上的活动步骤。这样规模的细化，使得该流程的落地大步向前迈进。

显然，这样的工作在组织内部遇到了阻力，不少市场线和产品线负责人，在任务还没有开发出来时就表达了不满，认为自己部门存在诸多特殊情况，公司开展这个项目是一厢情愿。此时项目组并未气馁，而是在各个任务初步开发完成后的评审环节请相关部门负责人做评委，分组讨论，将其意见分类为：吸纳、解释为什么不采用、暂不做决定三类，用实践成果证明的方式来化解组织内部的分歧。在这以后，则全面培训员工，让员工按照标准动作执行，并持续反馈意见。

为了保障项目成果的落地，R 公司主要采用了 3 种方式：第一，凡

组织的演进→

是产品部门的管理岗位,都必须总结自己的实践案例来参加考评,要求管理者"人人过关"。第二,首先看你的案例和标准比较的符合度,其次看你创新的程度,最后以事业部为单位,每周定期举行 2~3 场比赛,每场比赛 6 个案例,评选前 3 名予以奖励;同时按照参赛、获奖情况进行积分,对靠前的单位进行集体奖励,对落后的单位集体扣减年终奖。第三,项目组到各个部门收集有效的推行方式,在公司层面进行推广,同时收集难点问题。

在产品经理任务明确之后,R 公司又对评审的标准化这件事情如法炮制,并加以落地和固化。同时根据产品创新本身的要求,引入了 TRIZ[①] 这个创新工具,使 IPD 流程的执行能力和创新能力都得到极大提升,产品路标的达成率和产品成功率也得到明显提升。经过 3 年的努力,R 企业产品开发水平大大提高,组织年营业收入也从不足 50 亿元提高到 100 亿元以上。

我们可以看到,R 企业的 IPD 落地其实是一次变革,有从上到下的强力推动,也有广泛的从下至上的广泛参与,还有项目组的强力推进,尤其是在其中设计有效运行的机制。这样的变革为组织在产品创新方面的提升起到了非常关键的支撑作用,也为组织后续变革创造了"模式"。

在这个案例中,我们看到 R 公司推翻了原来的基于基本素质描述和职责下对应胜任力的描述,这些都是西方教科书上常见的内容。这是为什么呢?我们从案例中出来,下一节对胜任力这个概念和实践做一个探讨。

---

① TRIZ 是拉丁文缩写,意思为发明问题的解决理论,由苏联科学家根里奇·阿奇舒勒创立。

5.2 胜任力分析与胜任力发展

说到胜任力，便不得不提美国社会心理学家，戴维·麦克利兰（D. C. McClelland），他帮助美国国务院选拔外交官的案例在中国广为流传。

20世纪60年代后期，美国国务院意识到仅以智力因素为基础，选拔驻外联络官（Foreign Service Information Officer，FSIO）的效果不理想。许多智力、知识维度优秀的人才，在实际工作中的表现却令人非常失望。在这种情况下，麦克利兰博士应邀帮助美国国务院设计一种能够有效地预测实际工作业绩的人员选拔方法。在项目过程中，麦克利兰博士发现了胜任力这一理论和管理工具。

1973年，麦克利兰博士在《美国心理学家》杂志上发表了题为 *Testing for Competency Rather Than Intelligence* 的文章。文章认为，传统的智力和能力倾向测验不足以预测职业成功或生活中的重要成就。这些测验对少数民族和妇女是不公平的，并且人们主观上认为能够决定工作成绩的有关人格、智力、价值观等方面因素，在现实中并没有表现出预期的效果。因此，麦克利兰强调回归现实，从第一手材料入手，直接发掘那些能真正影响工作绩效的个人条件和行为特征，为提高组织效率和促进个人事业成功做出实质性的贡献。他把这种直接影响工作业绩的个人条件和行为特征称为胜任力。确定胜任力的过程需要遵循两条基本原则：第一是能否显著地区分工作业绩，是判断一项胜任力的唯一标准。第二是判断一项胜任力是否能区分工作业绩必须以客观数据为依据。

在麦克利兰研究的基础上，后来又有很多延展性研究。例如对一项胜任力进行详细的定义。表5-1是一个对信息搜集的级别定义，同时通过对实际行为进行打分来评价一个人在这项胜任力方面的特征。

表 5-1　信息搜集能力的定义

级别	"搜集信息"级别定义 行为描述
7	其他人加入，一起进行非正式探访，获取信息
6	运用自己持续不断的方式搜集信息，可能基于对某种资料的兴趣或偏好
5	研究。在一个特定时期，通过一项系统的方法获得资料或反馈，或通过正式的研究渠道，例如期刊或其他
4	接触其他渠道或对象，掌握他们的观点、背景资料及经验
3	挖掘真相。通过一系列的深入问题可以探知情况及问题的核心
2	个人的调查。直接观察现场，通过现场观察发现问题
1	向利益相关人直接询问一些问题，这些人可能不曾出现过但却是相关的；能够咨询有价值的信息源，甚至不怕遇到障碍，表现优异的人通常会在行动之前，花一点时间搜集有用的资料
0	只能接受给定信息，没有任何其他信息搜集的行为

资料来源：笔者绘制。

在胜任力描述的基础上，对一个岗位的全部胜任力提出要求，便有了岗位的胜任力模型，如图 5-5 所示。当我们在谈论胜任力时，往往指知识、技能及过程能力。这样，通过考试、主管或专家评价、模拟项目、资格证书和通过成果物判断的方式，来掌握员工胜任力情况。图 5-5 是我们常见的岗位胜任力模型，由于过程能力是一个根据实际过程和结果来评价的项目，因此在胜任力模型中较少见到，而经验作为组织要求的资格类项目，会纳入进来。

第 5 章 向业务变革要成果

系统软件开发工程师（专家级）

能够精熟地利用专业领域知识应对复杂业务问题，被看作专业领域专家。经常贡献于新创意、新想法的开发，为复杂问题或项目工作，包括分析具体业务场景，构建多因素的数据分析系统。在组织级更广义的系统开发政策/指南实践中，能够不断练习达到精熟，用自己独立的专业判断来决定最佳方法以达到工作目标。对功能性团队或者跨职能团队，能够领导他们或者给出专业建议，为低级别人员提供辅导或指导活动。作为专家，为组织政策建立，流程改进提供方向与指导。经常代表公司与客户/用户交流

知识	技能	经验
·精通软件开发相关知识，包括操作系统、各类组件和编程语言 ·是关键技术领域的权威 ·对组织技术的各个组成部分有深入的理解，并熟知如何利用技术达到组织目标 ·理解该技术领域在公司业务战略和技术战略中的定位与作用	·精通项目管理和人员培训的各个细节 ·具备卓越的工作技巧，特别是在优先事项确定和时间管理上 ·对系统/应用的市场发展趋势有清楚的认知 ·能够应对随着需求不断增长的压力	·一般来讲，本科学历或同等学力，需要8年以上的相关工作经验 ·研究生学历，需要4~6年工作经验

图 5-5 系统软件开发工程师的岗位胜任力要求

资料来源：笔者绘制。

这个时候读者会问，胜任力模型是如何来的呢？一般来讲有两个方式，即专家经验法和结构化方法。专家经验法，有面向专家来专门制定的，有对专家进行访谈来制定的，也有通过多位专家"头脑风暴"来制定的。结构化方法是指通过一个有序的过程来引导专家或本岗位人员参与，分析出该岗位的胜任力。下面来具体说明：

第一步，分析出某一个岗位的职责，并对职责按照出现的频率、关键性、学习难度进行评分，从 1~5 分来定义其级别，三项在计算总权重时占比分别为 10%、60%、30%，按照总体权重和每个职责的权重，计算出该项职责的重要性，见表 5-2。

组织的演进→

表 5-2 产品经理的职责分析示例

职责 (Duties)	说明 (Description)	频率 10% (Frequency)	关键性 60% (Criticality)	学习难度 30% (Difficulty of Learning)	总权重	重要性/% (Importance)
D1	研究行业趋势	2	4	5	4.1	11
D2	开发产品和解决方案	3	4	5	4.2	11
D3	制定行业BP	1	6	5	5.2	13
D4	调研用户需求	4	3	4	3.4	9
D5	研究竞争对手	3	5	3	4.2	11
D6	起草销售工具包	2	3	3	2.9	7
D7	策划执行整合营销传播活动	2	3	4	3.2	8
D8	维护行业核心资源平台	3	4	4	3.9	10
D9	负责内部培训	3	3	4	3.3	8
D10	打下前三单	1	5	5	4.6	12

资料来源：笔者绘制。

第二步，依次对每项职责再进行细分，分析其具体的任务或者步骤，从这个任务或者步骤的视角看其需要的输入和输出（见表5-3）。

表 5-3 产品经理"研究行业趋势"任务的步骤分析

职责 D1 (Duty D1)	研究行业趋势			
任务 (Tasks)	说明 (Description)	级别 (Level)	工作产出 (Output)	信息 (Info)
D1-T1	建设并维护行业专家资源平台	3	专家资源平台名单	行业专家名单、行业协会信息
D1-T2	参与行业协会与论坛	2	行业研讨会简报	行业协会论坛信息、行业专家背景与联系方式、论坛议程、主题报告、行业政策
D1-T3	搜集行业背景资料	3	背景资料	IDC 报告、garttenr 报告、公司 CI 情报、行业主流刊物、行业政策热点、友商刊物
D1-T4	进行数据分析，形成基本假设	2	调研方向报告	公司与竞争对手销售数据、上游芯片厂商数据、统计局相关数据、前期搜集到的背景资料
D1-T5	开展现场调研验证假设	3	调研报告	调研模版、客户信息、CRM 漏斗、产品方案知识
D1-T6	输出行业研究报告	2	行业报告	上述所有产出物

资料来源：笔者绘制。

第三步，根据每个任务或者步骤的输入、输出，判断这一步骤需要什么样的知识和技能。知识一般是指在完成这一任务或步骤中所需要的知识、信息和事实；技能一般是指为完成已承诺的工作，个人必须能够执行的行为。技能可以包括完成任务的直接行为或者为其他参与完成任务的个人提供支持或与其他人员进行协调的行为。例如上一步的知识和技能分析，如表 5-4 所示。

表5-4 产品经理"研究行业趋势"任务需求的胜任力分析

2）职责D1的知识
(Knowledge of Duty D1)

知识 (Knowledge)	说明 (Description)	投票 (Vote)	重要性/% (Importance)	级别 (Level)
D1-K1	公司产品知识	7	9	2
D1-K2	RCNA	8	10	2
D1-K3	前沿技术知识	15	19	3
D1-K4	信息搜集方法	21	26	2
D1-K5	竞争分析方法	10	13	2
D1-K6	写作规范	8	10	2
D1-K7	风险评估方法	11	14	2

3）职责D1的技能
(Skills of Duty D1)

技能 (Skills)	说明 (Description)	投票 (Vote)	重要性/% (Importance)	级别 (Level)
D1-S1	洞察力	17	24	3
D1-S2	协调能力	6	9	1
D1-S3	客户关系维护能力	8	11	2
D1-S4	判断力	12	17	1
D1-S5	倾听能力	6	9	1
D1-S6	学习能力	15	21	2
D1-S7	合作能力	6	9	2

资料来源：笔者绘制。

第四步，依次开展分析，对本岗位所涉及的每一项职责和任务进行分析，直到所有的知识和技能被分析、定义出来。一般来讲，知识和技能的项目都会达到几十个的级别，最后根据投票的重要性和经验中的必要性，形成这个岗位对知识和技能的要求。经过这个分析，该岗位的知识、技能及职责履行中所涉及的过程都看到了(还存在另外一种可能,就是我们实际分析的不是一个岗位,而是一项职能的全部职责和任务,这个时候就需要用不同任务难度级别来进行职级区分,这样胜任力的要求也会下降,但最后往往也涉及取舍)。

第五步,根据这个分析结果向对应的员工提出要求,考察其知识、技能,并通过结果来考察其过程执行能力,以此对员工的能力进行评价,对组织中流程执行能力的情况进行收集。

以上五个步骤大概是国内大部分组织在开展员工职业生涯发展,利用胜任力模型时的基本步骤。

在考量员工胜任力上,日本丰田公司的做法值得关注。

丰田公司有个说法叫"先造人,再造车"。在《丰田人才精益模式》中,杰弗瑞·莱克(Jeffrey Liker)和大卫·梅尔(David Meier)对丰田的方式进行了跟踪研究,还将丰田的模式推广到了其他行业。我们来看一个关于护士工作划分的例子(见图5-6)。

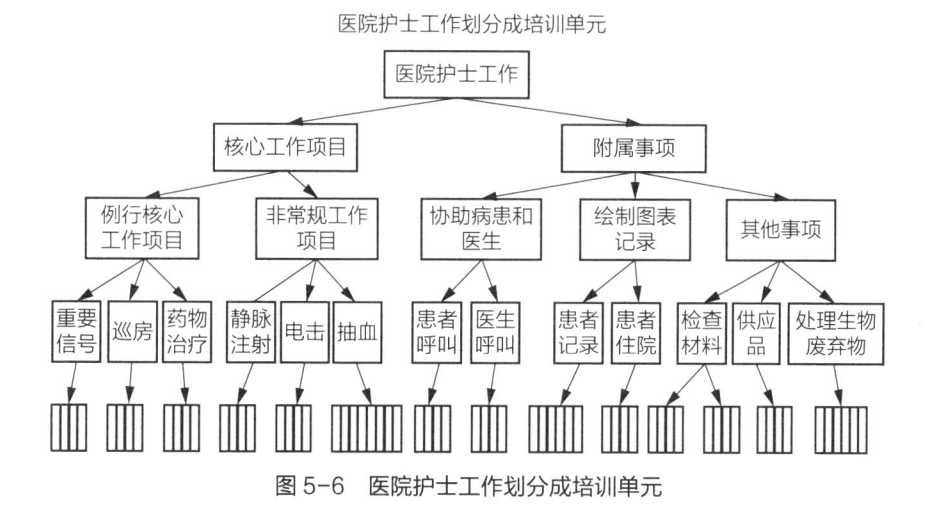

图5-6 医院护士工作划分成培训单元

资料来源:笔者根据《丰田人才精益模式》改进绘制。

组织的演进→

通过图 5-6 我们可以看到，丰田方式的工作分析和西方普遍的工作分析不一样，它只分析到具体的步骤，它不会专门分析知识是什么、技能是什么。它的关注只有一项：过程的执行能力和效果。下面我们就"静脉注射"这一项来看它的工作分解表（见表 5-5）。

表5-5 护士"在周边血管打静脉注射"工作任务分解表

工作分解表　　　　　　　日期：2023 年 8 月 8 日 工作场地：急诊室　工作任务：在周边血管施打静脉注射 制表人：R. F. Kunkle		M. Warren	P. Kenrick
		小组领班	督导员
主要步骤	关键点 安全性：避免伤害、人体工学、危险点 质量：避免瑕疵、检查点、标准 技巧：有效移动、特殊方法 成本：适当使用材料	关键点理由	
步骤1 稳住血管	1. 把血管上方的皮肤向外拉紧 2. 使用不常用的那只手的拇指和食指	1. 避免血管滑动 2. 腾出常用的那只手来操作导管	
步骤2 把针头置于皮肤上	1. 注射针成斜角 2. 注射针和皮肤成 5° 角倾斜	1. 更容易且更准确刺入皮肤 2. 刺入皮肤的正确角度	
步骤3 以注射针下压皮肤	1. 把皮肤下压 1~2 毫米 2. 注射针和皮肤成 5° 角倾斜	1. 使血管凸向注射针 2. 若角度过大，可能会刺入血管	
步骤4 注射针刺入皮肤	1. 以平行于注射针的角度把注射针往前推 2. 继续前推动作，直到感觉到轻轻的一"砰"，以及感觉阻力降低 3. 缓慢前推	1. 破除皮肤阻力，刺穿皮肤 2. 代表你已经刺穿血管壁	
步骤5 改变注射针角度	1. 抬起针头（把针筒向后压低） 2. 注射针与皮肤平行	1. 使针头斜倾向于血管上方，避免刺到血管反面 2. 使注射针对此刺孔，注射针比较容易推进	
步骤6 推进导管	完全插入直至"松紧带"	"松紧带"指的是每一种导管的适当深度，若插入得不够深，可能会脱落	

资料来源：笔者根据《丰田人才精益模式》改进绘制。

看了这个例子，我们不得不惊讶于日本人的精细化程度，也明白了为什么以丰田为代表的组织能在生产能力方面超过美国和德国。因为它对过程能力的关注远远超出了美国和德国的相关组织。

回过头来看，这正是东西方文化的不同之处。西方文化受"科学"发展的影响，对"分解"这个动作有执念，一定要分析并定义到具体的知识和技能，找到与绩效强关联的胜任力项目，这样对于他们来讲才是有基础的。至于过程能力，他们更倾向认为这是员工的自由和责任，因此靠组织对工作成果的评价来评价人。这个方式与其文化假设是自洽的。但东方文化与此不同！丰田方式受儒家传统文化的影响，它一开始就提倡做人做事。这个做事就是过程执行能力。员工有了这个能力，过程便被很好地执行了。至于这个里面的知识、技能，区分它反而在初期是不利于聚焦于执行的。那什么时候去关注知识、技能，关注事情本身的 Why 和 What 呢？等你对这个事情精熟之后！

了解了这个文化的差异，对我们当前在组织中推行组织变革，提升组织流程执行能力和员工胜任力至关重要。美国和日本的例子对我们来讲要吸取其精华，抛弃其不实用的地方。按照我们自己的文化，按照组织的场景，去推进员工的胜任力分析和发展工作。

上一节提到的 R 公司，采用了工作分析的方法，但只分析到任务之下的步骤。在步骤下面，对关键点和难点采用类似丰田的方法，取得了不错的效果，为了防止工作任务的标准固化，采用不断比赛的方式来优化，也取得了不错的效果。

5.3 员工职业发展

上一节我们讲到了胜任力分析。胜任力分析之后，根据不同岗位的不同职责，员工的发展就变得更加清晰、可操作。这一节专门来讲员工的职业发展。

5.3.1 从对任职资格实践的观察说起

说到任职资格，大家想得最多的是评审场景。在笔者的职业生涯中，亲身经历过两类评审：一类评审是评审资料，评委们由主管各部门的大老板们组成，参与评审的人员按照流程要求提交一系列的材料。在对材料进行陈述、复核后，评委讨论给予参加评审的人一个级别，一个其在其岗位上被认可的级别。当然，其中评委们会有一些争论，但只要有人能说清为什么，评委们还是比较认可的，同时也会把这些评审的结论，特别是对他们发展的期望反馈给参评者。应该说这种方式很有勇气，即花大力气去评审，勇敢地去给予反馈。但这样的效果如何呢？实事求是地说，这样的效果微乎其微，除了获评较高级别的人有心理满足感之外，这样的评审没有起到多大的员工发展作用。它更像是一种印证，因为它没有关注在员工发展这个行为上，而是关注在评审这个行为上，自然员工也没有被发展的感受，于是虽然评委们在评审上很用心，但对于员工发展来说，没有做什么工作，自然员工的获得感低，对这项工作没有认知。久而久之，评委也不知道该如何工作了。

对于大老板亲自当评委的情况都是如此，那如果大老板对这个工作重视程度不高，又会怎么样呢？笔者恰巧遇见过这样的情况，是一个世界 500 强排名很靠前的金融组织。负责员工评审的 HR 就上一次几个评委参与评价的几个高级别人才希望能有一个"协调后的更改"。这几个评委互相没有商量，独立给出了自己的结果，通过或不通过，按照投票结果汇总来给出最后结果。当然，评委们不会轻易改变自己的观点，HR 只能为难地左右腾挪，最后他们还是会向外公布一个"公正、公开、公平"的结果，但这个结果在员工中的认知就很难讲是公平的了。

第二类评审也是笔者亲身经历过的，对应第一类结果评审，它属于第二类，是对员工工作职责中某项工作任务的实现过程进行评审。你没看错，是对员工工作任务的具体评审，这个评审有具体的参考流程，这些参考流程是组织经过最优实践萃取而来，评审们的关注在两个方面：一个是你在执行任务的时候是不是理解了最优实践的流程，特别是流程中的要点；第二个是基于你在的任务场景，是不是有了新的创新可以纳入组织的最优实践。每个岗位的人大概要通过 2~5 个这样任务的评审，才算达到了对应的级别。当然，由于有最佳实践案例作为培训和参考材料，员工在真实的工作中，也能够向这些最佳实践的编写者们学习和请教，或者向评委请教。为了提高评委们的水平，每个评委率先通过了这些工作任务实践的评审。

上面两个例子，都是在说评审，所不同的是有的组织重视评审，有的组织不重视评审。有的组织在评审的时候只是就已经有的结果和案例，让评委们根据自己的经验给予评价；有的是要求提供材料，包括实现结果的过程，通过过程和结果去进行评价；有的是把评审嵌入到日常工作中，通过对每个工作任务完成情况的评审淬炼组织的最优实践，给予员工发展更加具体的反馈。

以上这几个例子中的行为哪些是对的？哪些是有改进空间的？应该如何理解和做好员工的职业发展工作呢？下面让我们先回顾一下任职资格在中国发展的情况，再来说说任职资格的为什么—是什么—怎么做（Why-What-How）。

5.3.2 任职资格向外部学习情况

在胜任力分析和发展的章节，我们提到了麦克利兰的胜任力，这是任职资格发展的一个重要研究基础，在实践上影响比较大。中国早期的任职资格基本上都是按照外企的方式在开展，胜任力分析部分和我们在上一节中的描述相同，到国内大家看到的基本上就是结果了，分析过程一直很少流传出来。但当我们在世界范围看成功案例的时候，除了日本的人才培养模式，英国的国家职业资格，在英国也起到了比较好的人才培养促进作用。

1997年12月1—15日，应英国文化部的邀请，中国劳动部组织的英国文秘（Administration）国家职业资格认证体系的考察和考评员培训活动，华为作为参访组织之一，由孙亚芳女士代表出席。她收获很大，回国后便从文秘这个岗位开始试点，后来扩展到其他岗位。那么孙亚芳女士带回来哪些认知呢？从能公开查询的资料来看，孙女士是这样表述的："一开始，我们只是狭隘地把它理解成文秘资格认证体系（类同我们前面说的评审场景），但是经过几天的考察，令我们眼界大开，感慨英国政府为提高全民素质所付出的努力"；"这套体系的意义，绝不在证书本身，而在于认证过程中人的质量的提升"。总结起来，有以下四点：

一是明确职业发展通道，帮助员工明确发展目标，进行职业生涯设计。英国国家职业资格证书（National Vocational Qualification，NVQ）为每个职业设计了各级标准，每一级的能力要求皆有所不同。

二是建立任职资格体系，明确了各个岗位的要求，有利于提高员工的素质，激励员工学习多种技能，有利于提高工作效率。

三是摆正考评者与被考评者的关系，在NVQ的考评中，考评者是导师，是教练，他们要承担起指导、培训、激励被考评者的责任。考评的整个过程是以被考评者为中心进行的,强调被考评者的参与。

四是处理好考评结果与薪酬的关系,这是组织自己掌握的问题,不是 NVQ 要解决的问题,关键要看员工上岗后的实际能力与贡献,没有把人的注意力有意引向薪酬待遇,而是更多地强调个人的成长和发展。

从以上四点来看,英国在这个方面的影响大是应得的,体现了英国的大气和专业。华为后来在任职资格体系建设上又结合了合益(Hay)的内容,形成了自己的风格。

除了学习英国,我们早期对苏联的学习也取得了一些不错的成果。例如执行相对比较好的各类工业工种的职业资格(见图 5-7)。

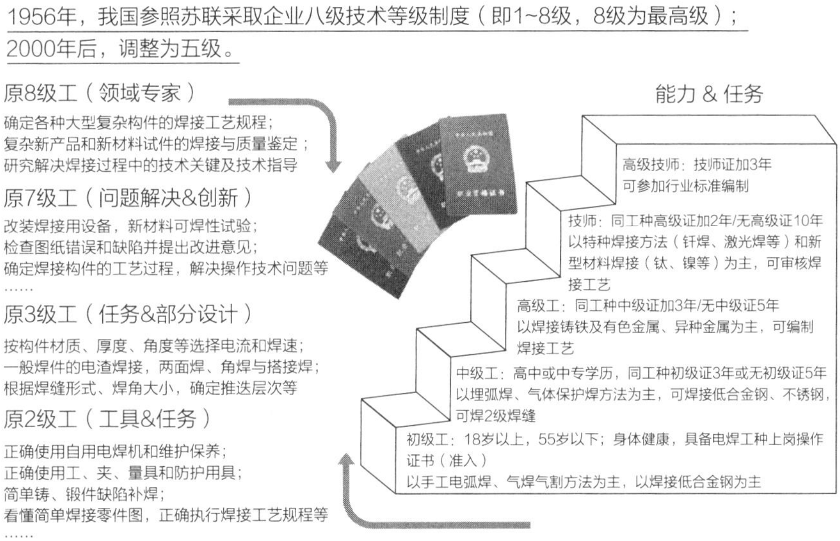

1956年,我国参照苏联采取企业八级技术等级制度(即1~8级,8级为最高级);
2000年后,调整为五级。

原8级工(领域专家)
确定各种大型复杂构件的焊接工艺规程;
复杂新产品和新材料试件的焊接与质量鉴定;
研究解决焊接过程中的技术关键及技术指导

原7级工(问题解决&创新)
改装焊接用设备,新材料可焊性试验;
检查图纸错误和缺陷并提出改进意见;
确定焊接构件的工艺过程,解决操作技术问题等
……

原3级工(任务&部分设计)
按构件材质、厚度、角度等选择电流和焊速;
一般焊件的电渣焊,两面焊、角焊与搭接焊;
根据焊缝形式、焊角大小,确定推送层次等

原2级工(工具&任务)
正确使用自用电焊机和维护保养;
正确使用工、夹、量具和防护用具;
简单铸、锻件缺陷补焊;
看懂简单焊接零件图,正确执行焊接工艺规程等
……

能力&任务

高级技师:技师证加3年
可参加行业标准编制

技师:同工种高级证加2年/无高级证10年
以特种焊接方法(钎焊、激光焊等)和新型材料焊接(钛、镍等)为主,可审核焊接工艺

高级工:同工种中级证加3年/无中级证5年
以焊接铸铁及有色金属、异种金属为主,可编制焊接工艺

中级工:高中或中专学历,同工种初级证3年或无初级证5年
以埋弧焊、气体保护焊方法为主,可焊低合金钢、不锈钢,可焊2级焊缝

初级工:18岁以上,55岁以下;身体健康,具备电焊工种上岗操作证书(准入)
以手工电弧焊、气焊气割方法为主,以焊接低合金钢为主

图 5-7 工业工种任职资格(以焊工为例)

资料来源:笔者绘制。

综上,从历史的角度来看,一方面的实践是按照胜任力模型来做,从岗位的角度来看来,以美国管理实践为代表;另一方面以国家任职资格为代表,以英国的实践最广为人知。苏联和我国早期的实践有其影子,

115

它的贡献在于社会和组织的结合，英国的 NVQ 涵盖了 11 个领域，800 多个职位。丰田的实践目前在我国影响不大，也应该予以足够重视，毕竟它的工作任务分解方法是我国组织普遍需要而又不具备的。

5.3.3　任职资格的 Why-What-How

通过前面两个部分了解了任职资格的现状后，我们有必要来认识一下这个专业人员发展的基本工具，搞清楚它的定义和 Why-What-How。

首先来说 Why，即组织和员工为什么要花这么大的精力做这些事情呢？

对于组织来说，就是我们前面讲的增强组织发展过程中的一致性，即大家对这个事情的预期要一致，明确。具体来说有四点：对每个岗位的不同阶段（初做者、有经验者、骨干、专家、资深专家）履职要求进行门槛类定义，指出每个岗位向上一级别发展的达标要求、路径与方法；是有效支撑公司战略实现和组织设置的基石，是人力资源规划的基础要求；牵引每个岗位上不同阶段的员工向上一个级别不断学习实践，提高工作任务履职能力，提升个体绩效；基于对员工岗位履职能力的评估，可作为支付薪酬的重要参考。正是因为有这四个好处，组织才愿意投入资源去做。

对于员工来说，任职资格是镜子，能够帮助自己找出问题；是尺子，能量出自己与标准的差异；是梯子，知道自己该往什么方向发展和努力；是驾照，有新岗位可以竞聘。所以员工对有这么一个明确的要求期望很大。有很多人认为年轻人不喜欢这些要求，笔者曾和很多年轻人聊过，他们都很喜欢，认为有明确的要求是最好的。

其次我们来看看它是什么。这里我们引用了 NVQ 的定义，任职资格是从事某一具体工作的任职者所必须具备的知识、经验、技能、素质和行为的总和，是特定的工作领域内对工作人员工作活动能力的证明。为了更好地区分，它把职位都分成了五个级别，如表5-6所示。

表5-6 NVQ的职位级别

NVQ职级		定义
五级	Executives/Top Level 资深专家/权威	深入理解工作领域的系列知识，**能够理解且应对领域内棘手问题，且具备一定的引导创新能力**
四级	Expert 专家	重点从完成工作任务转到**扎根具体工作领域**，学习水平变得更加详细和专业化，能够将精力集中在某一特定领域的角色上
三级	Specialist 骨干	从能够做一些基本任务转为**执行更为复杂的任务**，对应知识理解得更加深入
二级	Intermediate 有经验者	掌握知识以后需要更加复杂的职责是实践，同时更深入研究、应用所学的知识。该级别的候选人已经**对工作任务以及角色有基本了解**
一级	Entry level 初做者	**掌握主题领域的知识**，包括所需技能的介绍和简单任务概述

资料来源：笔者根据NVQ材料绘制。

看到这个之后，很多人很吃惊，说华为有20多级呢？阿里有P11呢？您是不是搞错了？但你仔细看就能明白，这五类是根本分别，泾渭分明！是所有相对成功贯彻任职资格制度组织的一个必需的参考框架，只不过规模大的组织又在这个之下做了细分和一些向上的"名头"扩展而已。

说完任职资格是什么，再说说它不是什么，以正本清源。首先我们要纠正的是在中国的场景下，它不宜成为专项胜任力研究，而应该是基于过程履职能力的分级。笔者的建议是：一些岗位需要"冰山下胜任能力"的，可以在筛选新人的时候来进行测试，以便形成预期；而任职资格我们希望把它看成是个员工发展系统，鼓励员工利用优势完成履职任务过程。任职资格也不是职级，虽然有些公司已经这么做了，但是任职资格只是认定职级的若干必要参考项之一，它们两个不能等同起来。

那么任职资格在现实中应该是一个什么样的呈现呢？首先，它是一个岗位标准，这个岗位分级别来看其职责分别是什么，完成每个职责对应哪些任务，这些任务的流程和标准是什么。其次，每个任务的 Why-What-How 是什么，对产出标准有什么要求。最后，如何实现和公司流程的对接，如果我要学习，学习资料和对应的知识库案例在哪里。能做到这个颗粒度，员工就可以参考着去学习和创新了。

做完一个岗位之后，还涉及岗位之间的比较，就是同样的都是五个级别，谁高谁低呢？不同岗位之间的比较我们一般称为岗位称重，例如 Hay 就是按照知能水平、解决问题的能力、风险责任的维度来评价的。

弄清楚了 Why 和 What，我们再看看组织一般需要哪些步骤来开展，就是 How 的描述。

首先是设计任职资格发展通道和标准。一般包括四个小步骤。一是职业发展通道设计：横向分类，基于属性划分职位类别；纵向分级，基于能力划分职位等级。二是任职资格标准设计：任职资格标准设计是整个任职资格标准体系的重点和难点，需要确定任职资格标准构成，结合参考模型和公司实际，设定标准框架。三是对每一级要掌握的知识、行为标准（做什么、怎么做、做到什么程度）进行划分和定义任职资格认证设计：设计认证评审机构和评审流程。四是任职资格结果应用：与职级、薪酬、培训等其他模块的对接设计。

其次是要有任职资格的管理机构，这也是很多组织的难点。因为领导干部还不够用，哪里会有业务专家专门去做这个的。这里笔者提供两个解法：一是成立虚拟组织，就组织能力建设最相关的岗位先开展，不大面积开展，那样耗费资源太多，可给予这些虚拟组织中的专家以名分和奖励，再加上高层领导挂帅，是可以成功的。二是当跟着组织领袖打江山的老同事们精力不济的时候，可以全职地从事任职资格的标准建立和资格评定工作，因为他们对工作熟悉，原来又是高级领导岗位，影响力比较大，相当于把组织核心能力建设的工作交给了这些人。如果这个步骤实施得好，有可能带来组织的第二春或第三春，这些人也可以成为组织的蓝军。

再次就是发布评审的流程，让员工知道提交哪些材料，在什么时候，需要做哪些准备工作，可以向谁来咨询；规模大的组织还可以分级，高级别的是一个流程，低级别的是一个更简易的流程，都可以。

最后是弄清楚评和聘的关系。评是专业能力的评定，由各个任职资格委员会来评审，给予员工在具体任务上的反馈意见；聘是人事决策，这个决策还是要按照人事决策的办法来，建议权在业务部门手里，监督权在职能部门手中，否定权在聘用岗位的隔级上级手中。也就是说，任职资格是上岗的门槛要求，是上岗的必要非充分条件，目的是实现人岗匹配，支撑战略。实现在人力资源专业中，它的关系如图 5-8 所示。

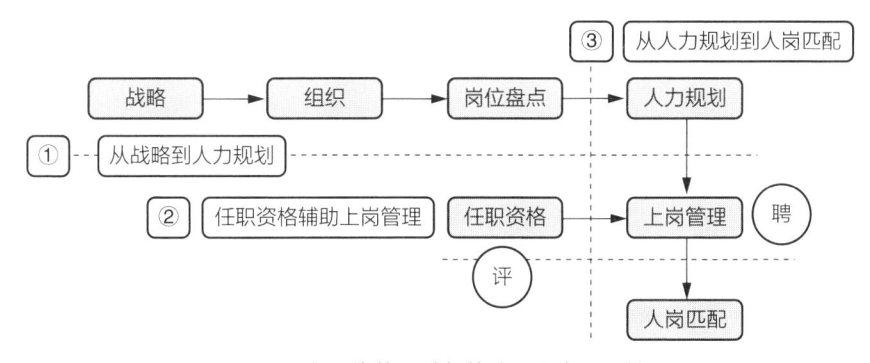

图 5-8 任职资格评聘与战略、人岗匹配关系

资料来源：笔者绘制。

了解完以上内容，读者就大致了解了任职资格应该如何在一个组织

里面实施。在这里笔者想提醒大家的一点是，任职资格这个事情对组织成熟度是有要求的，是业务深入变革的必然。在这个成熟度级别，管理主体可以重新定义组织能力，并与重新定义岗位同步，有了组织非常明显的特色，是组织后续变革和演化的基础，同时也要考察组织在等级2上的实践是否合格。因为这个定义级别的实施会反过来要求组织的招聘活动、人才培养活动、沟通、工作环境、薪酬体系要基于它开展再造。它不是一个单纯的任职资格体系，它会成为公司所有人员工作的基础。

对业务部门来讲也是巨大的挑战。因为组织核心业务流程、工具、员工行为要重新打造；对于质量部门和经营部门来说，他们之前面对的指标要做一轮修改；对于HR部门来说，他们要成为业务设计的参与方之一；对于IT部门来说，他们的数字化系统要进行再造，原来的数字化系统要全面地更替。这些挑战对于任何一个组织来说都是巨大的，大家一定要从这个角度认识它的复杂度，有足够的认知和困难准备再去撬动这个杠杆，当然它的红利也是巨大的。

当公司开始运用集成度更高（或者可以说整合度更高）的流程标准、能够快速地培养专家人才，建立人才梯队发展的组织保障，并在招聘中能够做到更精准和有效时，公司的整体作战能力一定会有更大提高！

5.3.4　领导力的发展

上一节阐述了任职资格，本节简单论述一下领导力发展，它是每一个组织都亟须的，且永远没有需求尽头的领域。令人欣喜的是，近几十年来，对领导力的培养，基本上有了比较成熟、一致的方法。

目前全世界的组织，无论是政府、非营利组织还是商业组织，对领导力都是极度渴望的。笔者到业务发展好的组织去访谈，业务负责人优先关注的话题是：我人才密度不够，人手不足，以及我们刚任命的经理无法担负起职责，能不能帮我们想想办法（警惕这是讲话的先生或女士自己领导力不足的表现）。

其实在领导力发展这件事情上，特别是在大型跨国组织这样复杂的组织中，全球范围内也是在近30年的摸索中才逐步地搞清楚了思路，当然我不否认在这个领域有些先驱，例如保罗·麦尔、彼得·德鲁克。但看看和领导力发展至关重要的奠基性著作出现的时间，你就能明白一二了，彼得·德鲁克1966年出版《卓有成效的管理者》，史蒂芬·柯维1989年首次出版《高效能人士的七个习惯》，弗雷德蒙德·马利克2000年首次出版《管理成就生活》。也就是说，无论是美国还是欧洲，大家对这些事情在理论上想清楚，成为社会中精英阶层（先驱不算）的一个相对的定论，是最近30年左右的事情。

在商业中，从GE、花旗银行、马士基再到中国组织实践，有哪些具体的发现呢？且这些发现怎样应用到其他公司的领导力发展上呢？

第一个发现是当干部获得晋升或调动后，需要完成的任务发生了根本性改变，且这个改变会冲击管理者的基本认知，这个认知靠传统培训专业化的思路去实现管理理念和管理技能是不可能完成的。现实中重视干部发展的组织99.99%都困在这个问题上了，但是其中99.99%的人都不信邪，都不愿意尝试其他的方法，他们更愿意单纯相信主持这个项目的人水平不行。

那到底是什么样的工作任务转变呢？组织对领导力的需求，总计为四个层次，分别是：**专业工作者之间的协同、让员工有成就感、让系统/过程有效率和让组织有前途**（见图5-9）。这四项职责应对的工作任务完全不同。

组织的**演进**

```
战略领导力：让组织有前途
  运营领导力：让系统/过程有效率
    一线领导力：让员工有成就感
      专业工作者之间的协同
```

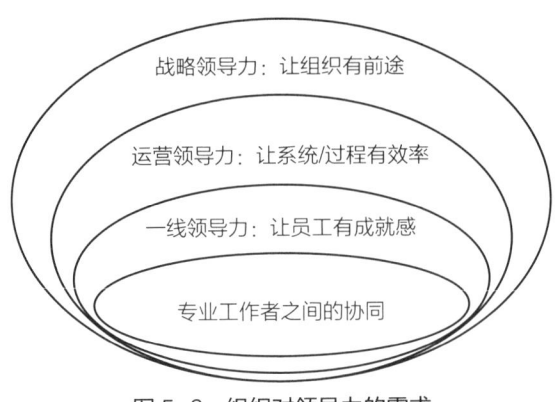

图 5-9　组织对领导力的需求

资料来源：笔者绘制。

我们回到组织场景中来举例子，当研究对象是一个员工的时候，他只需要自己努力，便能获得成果，他可以通过自己学习，无论是内部或者外部，来提升自己的专业技术或能力，只要不违背公司的价值观和制度就可以了（甚至违反了不被发现或有解释的理由都可以继续开展工作）。这样的环境塑造了你的行为模式，当你还用相同的模式来处理不同的工作任务时，失败就大概率降临了。彼得·德鲁克提醒我们："**在新工作上使用旧模式是失败最常见的原因。**"

当开始作为管理者的时候，认知要发生哪些变化呢？

首先要关注的是：有不少的事情管理者需要通过别人获得结果，而不是自己去获得结果。有的人很难转过这个弯，全球的管理者都容易在这里犯错。以前是自己做出成果得到别人羡慕和夸奖，成就感油然而生，现在是辅导别人取得成果，还要夸赞他，这种心理转变是不容易的。把塑造自己的成功变成去塑造他人成功是非常难的一件事情！这个转变要刻意为之，至少要提醒他，必要的时候要辅导，使这个新上任的管理者能够帮助团队中的每个人成功，还要想办法融合、描述、呈现团队的集体产出。

当他作为一个专业贡献者时，别人会尊重他的个性，当他成为管理者时，别人会要求他公平、透明且言行一致，这会耗费管理者巨大的精力。那这种情况我们如何来解决呢？德鲁克的答案是关注贡献。所以每当这个时候，我们的新管理者要和上级、客户去对齐，我想做以及你们需要我贡献什么。这些贡献如何去衡量，我需要在什么时候交付这些贡献。然后再去问自己：我如何利用团队实现这些贡献，如何分工，如何对大家有意义，我们应该如何更好地利用时间和机制去达成这些成果。在达成这些成果的过程中我们还有哪些不足。把这些问题想清楚了，这个人基本上就可以说走上正轨了，这些新定义的任务取得成效时，我们就说这个人**成功实现了转身**。

无论是新任管理者，还是新调动的管理者或晋升的管理者，还是在一个新的战略年度，我们都需要问新任管理者几个问题，并要求其书面作答，成为管理者关注贡献的落地材料。你今年的新岗位对应了哪些新**角色**？完成哪些**职责**才算履职了这些新角色，这些职责你想分解成哪些**任务**？达到什么样的定量或定性的指标，通过哪些方法或机制来完成这些成果？将这些问题在组织中对齐，然后转换成内部团队的行动项和指标，把时间全部安排在这些对应贡献的事情上，就可以了。

所以这个方法很简单，就是要求的**贡献**转变了，要把它首先**定义**（**工作价值观、职责、任务、成果**）出来，然后把**时间**用在贡献上，再根据这个贡献需要的成功去排兵布阵，协调资源和活动。用德鲁克的话来说就是**重视贡献、要事优先、时间管理**；引用《领导梯队》中的话就是工作价值观、时间配置和管理技能的改变。可能有很多种说法，在现实中，只要抓住这个要点，管理者晋升、多岗位轮换的发展是完全可以成功实现的，如果在这个方法下没有实现，你换掉相应的管理者，大家也是信服的。

组织的演进→

读者此时要问：管理者发展只有这一条路吗？这是个基础方法，从CEO到个体都可以用。但无法解决一类问题。如何通过协同不同部门的工作来提升系统效率？这个系统可能是一个**产品的全生命周期开发，可能是一个区域的客户开发，也可能是一个新行业的开发，还可能是组织的供应链能力提升**，等等。如果更认真一些来看，给这一类内容根据组织规模和业务做分类和分级都是可以的。跨部门协同这类问题不在垂直职能职权之内，而是在其外，要靠**横向拉通**来解决问题。需要强调的是，领导力发展项目往往能解决这里面的**流程和协同问题**，还有创新问题不是领导力能解决的，但流程和协同的解决有助于看清楚需要的创新是什么。所以一般情况下，这些领导力发展的项目是可以实现全面解决问题的，毕竟解决问题的主体是具备专业知识的人。这类发展的项目在GE叫群策群力（WORKOUT），在中国的市场上，大部分叫行动学习。就某一个明确的问题进行描述、界定、选出可改进项形成改进方案，现场决策，推进和复盘是基本流程。这个过程就是要打破部门墙，提升系统效率。对于公司非常重要的流程，要设定对应级别的高级主管来负责。这里有一点要注意，流程本身的质量要关注，几个人或几个团队能碰出来一个基本可用的流程，但无法做出国际标准的流程。

如果前面两层管理者发展做得比较扎实，那么公司核心决策层的发展也可以按照上面的两个路子来。但实际情况是核心决策层成长起来的时候没有多少组织有如此健全的发展机制，因而导致他们还是需要帮助，这个帮助在上面两类项目的基础上，还可以通过**向外走访、自主学习和教练**等方法来实现。当然，有的组织为了核心高管做战略专门设置了信息收集和专题研究的职能，这也是很好的实践。通过这样的方式，基本上能有助于组织的核心决策层看清楚组织的方向，照顾好组织的前途。

这里需要提醒的是，空有管理者的发展动作是不够的，一定要把人才盘点流程做起来，**只做发展，没有盘点，这些发展的结果没有办法有效利用起来**；只做盘点，没有质量的持续提升，那就墨守成规了。我们要特别关注的是，领导力发展的案例在内部传播的影响是巨大的，因为它的落地性最好。一定要花大力气在内部塑造这样的**领导力案例**，长此以往，能帮助组织形成领导力的品牌。只要这个组织还有足够的领导力，没有什么竞争对手敢忽视它。

由于管理者的特殊性，我们将其单独列出说明，指明其转身成功的方法，这些方法是经过东、西方组织实践证明的，是行之有效的方法，是一个组织发展所必须经过的道路。

5.4 工作组（团队）发展

当组织需求的胜任力被分析，员工胜任力得到发展之后，会对团队的发展造成什么影响呢？首先，由于公司的核心流程率先被分析，因此基于这个流程如何配置专业人才变得清晰起来。

例如在前面的案例中，首先，产品经理被分为规划经理、管理经理和拓展经理，并根据职责、任务的不同分为 5 个级别；其次，在员工实际的工作中，他们可以根据公司提供的任务流程标准进行剪裁乃至创新；再次，由于建立了标准，这些专业团队的绩效更容易被确定；最后，在人才招聘、工作安排、员工获取发展机会方面都会更加清晰。

我们通过例子来阐述，这个时候的工作组与没有进行胜任力分析之前的差别。我们还是拿 IPD 流程来举例，如图 5-10 所示。

需求收集与分析流程是规划经理的几个任务，规划经理团队内部可以根据员工胜任力不同来分配不同级别的需求任务，且能够保障成果产出的质量。版本规划流程和日常运营监控都是如此。

组织的**演进**→

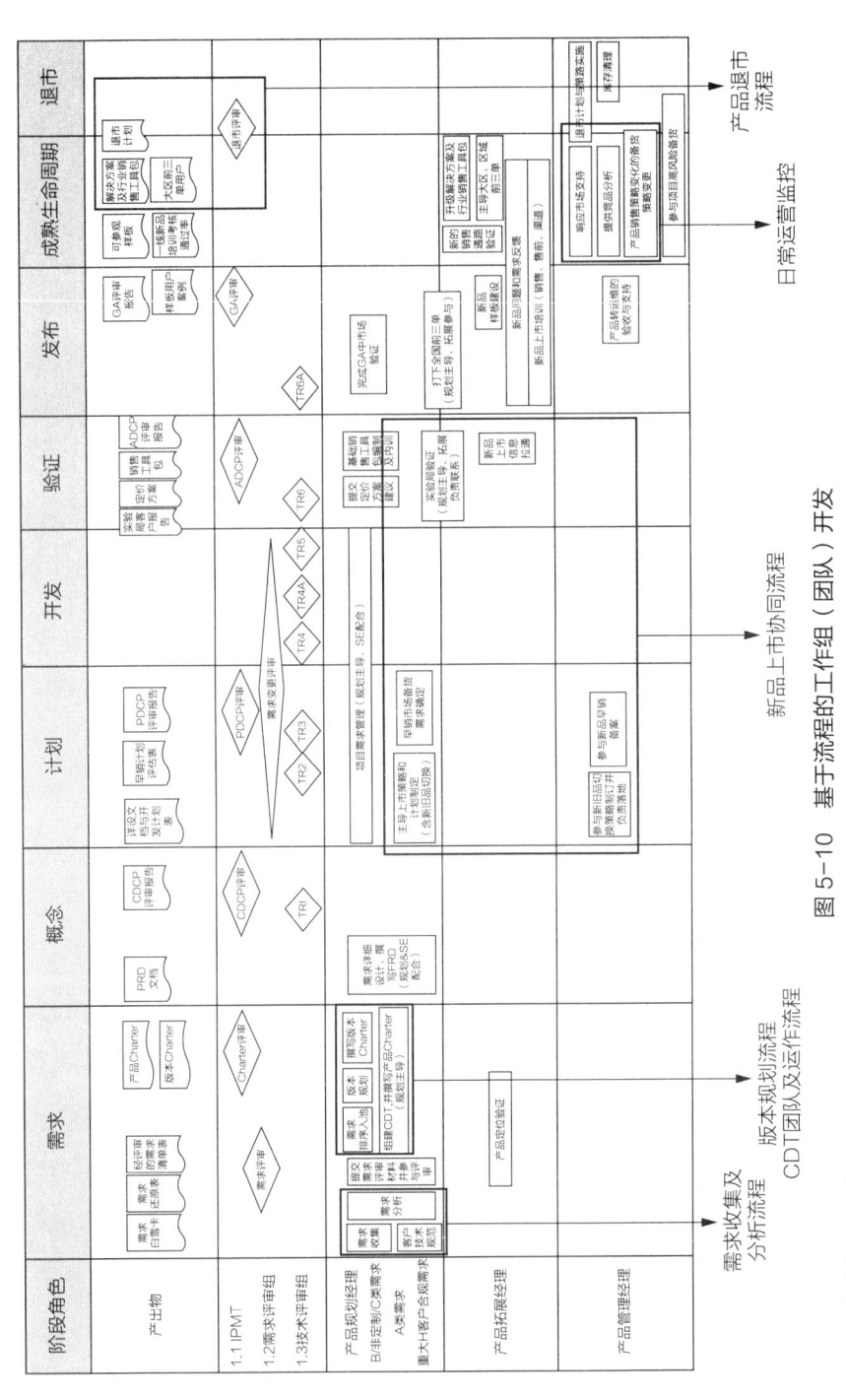

图 5-10 基于流程的工作组（团队）开发

资料来源：笔者绘制。

在团队外，例如新品上市流程，涉及规划经理，拓展经理和管理经理三个岗位。在之前没有进行胜任力分析时，可以靠指定一个项目经理来指挥；当胜任力分析完毕后，员工按照步骤执行流程就可以，什么时间开始，什么时间结束，质量标准是什么一目了然，因此不同岗位之间的协同就更高效了。

从产品经理拓展到整个公司，供应链、技术服务、财务都可以根据产品集成开发的要求来完成自己的任务。这个时候，组织集成开发的能力提升了，但从专业领域看，是各专业人员的流程执行能力和掌控成果的能力变强了。这个时候我们就说工作组本身得到了发展。

5.5 等级 3 的组织

本章首先从一个 IPD 落地的项目说起，这个项目的第一次落地过程很有代表性，是我们在组织变革中经常见到的情景；但第二次项目实践是一个结合东、西方流程变革、胜任力实践的优秀案例。基于这个变革，R 公司在很大程度上实现了"产品领先"，支持公司在三年内业绩翻倍。这和组织建立起来从市场洞察、需求分析到产品规划和拓展的能力是分不开的，这个组织在产品经理岗位上尝到甜头后，行业营销岗位也如法炮制，大大提高了组织的创新和营销能力。

其次我们对**胜任力分析**进行了专门的描述。希望读者认识到，分解知识、技能和过程能力，是基于科学的视角，基于西方自由与责任的实践；日本的方式也很好，它聚焦于过程能力的提高。基于中国组织的阶段，笔者特别推荐研究日本丰田的取胜之道。在这些国家实践的基础上创新，是我们的取胜之道。胜任力分析之后，发展是水到渠成的事情。

在员工职业发展方面，我们了解了美国、英国、苏联的实践以及它们对中国的影响，了解了它的 Why-What-How。我们要认识到，**没有业务的深入变革，就不可能有更多人的发展，因此这两个是一体的**，也是"向业务变革要成果"的原因。

在胜任力分析和员工职业发展的基础上，工作组（团队）本身的发展比以前更加清楚，有路径、有依赖，使得组织和团队的效率进一步提高了。我们要认识到，胜任力分析的结果不是一成不变的，而这个变化出发点就在员工的实践中，在员工之间的协同中，在团队之间的协同中创造了更好的方法，这些都是我们要去持续收集和更新胜任力的方面，也是持续业务变革所需要的。

胜任力分析之后，人力规划得以用人员胜任力作为基础，实现可以量化的目标和过程管理。

具备胜任力的人员开始具备专业决策的权力，知道如何去准备决策，实施决策以及有哪些人应该参与决策。另外，**由于胜任力分析，之前的招聘与配置、薪酬、绩效、培训与发展都因为这个获得了重构，由于这个重构，这些领域的流程效能也得到明显提高**。

当员工具备胜任力，当组织的过程执行能力提升，一定会更好地达到目标。世界是变动的，组织深入变革之后，不是变得死板、官僚，而是**有基础地**应对变化的世界，在变化的世界中快速适应变化，创造成果。

5.6 行动起来

当读者读完这一章，回到实践场景时，首先要问自己的问题是：如果我所在的组织或团队，基于当前的内外部状况，在未来 3 年左右的时间内，要打造一项核心竞争力，它将是什么？围绕这个问题，在组织内外调研、学习，以流程（运营需要）来确定，选定项目经理，组织领袖作为发起人来组织组织能力打造的标杆项目，以这个项目为主线，来拉动组织的协同。在这个过程中，不断地接纳、创新、设计、迭代，找到组织变革的落地模式。

这个过程其实是两个过程在执行层面的统一。首先是流程的设计，业务变革要求流程在高效的基础上，设计出具体的执行步骤，而这些步骤将对应到具体的岗位，形成岗位工作必须履行的工作任务标准。在这种情况下，员工的过程能力和流程的要求才完全匹配，组织的创新才有了一个基础框架。

从人力资源的角度讲，组织一旦开始胜任力分析，就开始了组织核心竞争力建设，核心竞争力是从系统外往内看，是在市场竞争中和客户体验中表现出来的优势。因此它必须是组织资源密集投入的领域，只有这样密集的投入，客户和用户才感受到了我们和竞争对手的不同，才会不断地传递回组织，才能让组织持续地增加投入，形成更强的核心竞争力。

第 6 章
用能力适应变化

6.1 一个优秀 TA 团队建设案例

这次我们要讲 W 企业人才获取（Talent Acquisition，TA）团队，了解他们在高端人才获取方面的实践。笔者访谈他们时，他们正在庆祝招聘的又一次胜利。

事情是这样的。随着公司业务的发展，公司在回款、知识产权方面都遇到了一些商业纠纷，在 2021 年春天集中爆发出来。公司负责法务工作的经理无法胜任这样的工作，于是主管法务的领导找到了 HR 负责人与 TA 团队的负责人，要求迅速找到有能力帮助公司在现阶段及未来在激烈的商务竞争中立于不败之地的法务负责人。

主要要求有三个方面：一是对业务全流程合规有经验，包括 ToB、ToC 的销售、采购以及内部合规建设；二是有足够的能力和资源应对公司的法律纠纷；三是要有带团队的能力。

双方于 3 月 12 日上午就上述需求达成一致，主管法务的领导要求用最有实力的猎头在最短的时间内招聘到位。HR 负责人拒绝了，让 TA 团队在内部安排了一名招聘专家来负责此事。

3 月 12 日下午，HR 负责人与 TA 团队负责人一起与招聘专家 H 核对了需求，当天 H 根据需求在企业的人员库和外网上进行了搜寻，并锁定了具备上述要求经验的人员名单，初步沟通了10人左右。

按照行业、经验要求于3月15日推荐了3份简历，3月17日、19日、20日紧急安排了三轮面试，选中候选人1名。3月24日发出录用通知（Offer），人选于5月4日入职。候选人虽然是空降的高管，但后期很好地帮助企业处理了商业纠纷，为组织争取了数以千万元计的利益，并且对组织内部合规的建设也贡献颇大。

看到这个例子，笔者询问他们是不是按照奈飞的经验在组织内部组建猎头公司，W公司说他们只是建立了一套高端人才招聘流程体系，凡是需求呈到我们这里，必须会给一个答复出来，市场上存在这样的人员就及时招聘入职，没有合适人选我们也会及时回复。按照这个方法，组织的高端人才3个月招聘到岗率维持在92%，目标是提升到98%。在笔者的要求下，W公司的TA负责人D向我们介绍了他们招聘管控的全过程。

他们将招聘流程分为四个步骤（见图6-1），分别给出操作的工作任务分解表，对每个环节提出了要求。

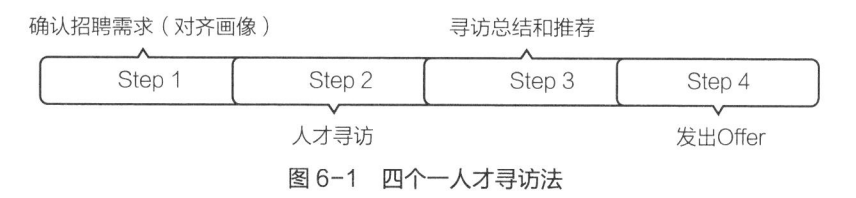

确认招聘需求（对齐画像）　　寻访总结和推荐

| Step 1 | Step 2 | Step 3 | Step 4 |

　　　　　　人才寻访　　　　　　　发出Offer

图6-1　四个一人才寻访法

资料来源：笔者绘制。

步骤1，对齐画像1个小时：确定招聘标准。

步骤2，1天内完成所有线上寻访：确定线上资源或线索。

步骤3，1周内开启线下寻访和第一轮推荐：进入真正的专业人才圈。

组织的演进→

步骤 4，1 个月内发出 Offer：人员到位。

第一步，她们完全按照**胜任力分析**的结果去开展招聘，对招聘岗位的业务需求有非常清楚的认知。如果这个岗位还没有胜任力分析，就帮助业务主管和专家开展一轮简单的**胜任力分析**，1 个小时内完成。确认基本的职责描述、工作任务、任务步骤关键词，确定其岗位描述关键词。

第二步是就胜任力分析内容，按照不同的**关键词（定义问题的能力；确定关键词的层次，处在哪个抽象层次）**组合在组织内外的资源库进行搜索与实时匹配，就搜索的内容在 1 天内形成结果。为此组织进行了人工智能（Artificial Intelligence，AI）功能部署，上线了摩卡招聘系统（Moka）予以支持。1 天内，招聘专家基本能够搜索到所有线索。如果有需要，招聘专家可以以公司名称、岗位名称为单位向招聘运营人员索要组织现有的人才地图，由 Moka 系统实时给出来了解竞争对手的岗位分布以及该岗位的市场人才分布情况。这个地图是根据知识图谱技术实时更新的。

在 1 天内搜索完毕之后，好的情况是招聘专家已经可以进行推荐了，她们的推荐标准是 3 份，这个数量和结构能够让面试官了解市场上现有人员的基本情况。有时线上并没有什么简历，这是招聘专家经常遇到的情况，这个时候她们就要依靠自己的圈子；有时候连圈子都没有，她们就开发了**从线索到人选的具体步骤**。如果这个到了这个地步仍没有，她们会将市场情况和搜索数据如实地向业务部门反馈，并共同商量如何调整画像或者关闭需求。一般情况下，按照这个步骤，一周内就可以推荐简历出来，最多再重复操作一次。

用人部门的负责人都按照招聘优先的原则安排面试，这样一般情况下 2~3 周内面试就结束了，具备一个月内发出 Offer 的条件。

当然，实际操作下来，流程的效率是 3 个月到岗 92%，1 个月的

Offer 发出率是 50% 左右。她们定期就自己的优秀案例和困难案例进行交流和总结来持续改善工作任务操作指南，制定持续的改进目标。这个团队和业务部门建立了非常好的信任关系，对公司战略的落地促进极大。

这个例子首先告诉我们，W 组织是有一个**招聘流程**的，这个流程的步骤通过工作任务分解形成了操作指南，有了流程执行情况的基线，他们就基线水平不断提出高的流程执行能力要求，持续锻炼招聘专家的能力，通过与需求部门的协调，建立更快的反应机制。而这个反应机制，对组织快速应对市场变化起到了非常重要的作用。无论是案例中法务负责人的到来帮助组织合法、合规地争取商业利益，还是诸多中高阶管理者、技术人才的到来帮助组织战略落地，都是因为这个组织有了一个可以信赖的流程能力（**专业化、流程化、标准化、系统化**的组织能力），这是组织应对变化的基础。

下面，我们对三个专业领域进行阐述。

6.2 导师

导师制度其实有很多的实践案例，中国和德国都有著名的"师徒制"，之所以在等级 4 才来讲导师，是因为对导师的要求有了本质性的变化。

从时间上来看，要求导师从 3~5 年带出成熟的徒弟改成了 3 个月左右带出能胜任工作的徒弟；从效果上来看，从更多的徒弟观察、模仿发展到标准化指导，人员培养的质量得到提升；从范围上来看，从原来的关注个人成长，扩展到关注个人成长、胜任力资产建设、专业团队成长以及过程能力持续提升与整合。

在个人培养方面，导师仍然是指那些培养初阶者掌握任务执行能力的人。这时候，导师要讲解、要答疑，要看初阶的学习者讲解，看他们实际做一遍，再给出建议；若有机会再请他做一遍，辅导他就实践的任务形成总结文档，提交到委员会组织去答辩，答辩通过之后，这个任务总结成果就属于他们两位，一个执行者，一个指导者，进入组织对应任务执行总结下的资产库。这个时候，导师针对这一个任务的指导就算结束了。

每个岗位、每个任务都会产生很多需要归纳总结的任务。导师个人指导是第一个环节，评审委员会的反馈是一种导师集体反馈的形式，也就是说评审委员会也都具备导师的条件，都知道这个任务设计的 Why-What-How。

他们不仅要评审员工个人提交的内容是否合格，还要指出哪些地方有改进空间，哪些地方是创新。改进的意见一并纳入资产库，对创新可取之处，导师们要纳入到组织级的标准中去，以便更多的人来参考、学习。只有这样，组织中基于重要流程执行的过程和结果才被完整地整合到资产库，其他人才有学习的机会。因为这些都是组织实实在在执行的、被组织认可的案例。一旦组织把员工的过程执行能力当作任职资格考察的必要部分，员工也就有了上传到资产库的动力，资产库的更新和质量才能得到保障。当然，导师们也要根据员工的实践，定期地去维护和更新资产库中的标准文档。

在组织中，有的团队工作出色，有的团队工作相对差一些，这个时候导师也可能被委任来帮助工作相对较差的团队来提升他们的过程执行能力，看看差距在哪里。有可能是团队不重视，认为标准归标准，习惯归习惯，这个时候导师就要耐心地去做解释工作，必要的时候提出严格的要求。

团队如果没有掌握好的方法，导师便应该将优秀团队的做法传授给他们；也可能是组织现有的标准对新业务适用性没有那么高，这个时候就要将这个信息与标准建立的委员会协商，看如何确定新的标准。总之，这个时候导师应该有方法、能力或机制来帮助团队或项目组来提高任务执行能力。

有了人的发展、资产库的建立和团队的辅导，组织的最终目的是要执行的结果，例如组织希望新品及时上线率要达到100%，新产品营收预期达成率不低于60%，这些都是要根据组织现有的基线，提出新的挑战目标。因循新的目标，到流程具体执行环节去寻找答案。但无论如何，这个时候有了组织执行过程能力的基线，就有了可以预测的基础，也可以去确定挑战性的过程目标，进而达到支持组织绩效达成的目的。

除了从个人和团队视角来看待胜任力之外，导师还经常会帮助处理不同团队之间的胜任力整合。例如我们在前面提到新品上市是一个不同岗位间的协同过程，这个流程其实是需要加以设计的。比如需要有相关领域知识的导师去萃取经验，设计新的流程，使之从项目经理指挥、不同团队间协调上升为基于既定流程的协同。这是导师工作中另外一个提升组织整体能力的重要部分。

综上，在这个阶段，导师成为组织专业领域的权威。他们组织工作标准制定委员会，通过评审机制向员工反馈其执行情况，完善胜任力资产库，指导团队、个人过程执行能力的提升，提出有挑战性的过程执行目标、整合不同胜任力之间的协同。因此，导师成为组织的专业权威，成为有整体视角，对组织绩效有切实影响的"超级主体"，并与管理职能一样，成为为组织可持续发展保驾护航的机制和理性制度。这个时候组织权威需要对导师制度加以重视，平等对待相同级别的专业人士和有实权的管理者。要建立机制，有机协同导师和管理者之间的任务互动，支持组织中的成员多线发展。

6.3 赋权的工作组（团队）

上一章我们讲到工作组开发，是指专业人员过程执行能力提升后，团队能力得到了开发。这一章在之前的基础上，讲赋权的工作组。什么是赋权工作组？它是指赋予团队职责和权力，让其决定如何最有效地开展自身的业务活动的管理机制。我们通过一个例子来了解。

L先生在一家高科技企业担任产品经理。他最近为一件事所烦恼：他主导的软件产品在过去半年内虽然卖出去不少，但销售额却为0。仔细分析原因以后，他发现其产品定价是5万元，由于行业原因，实际售价基本上是定价的1折，也就是说他的软件产品实际价格是5000元，而销售的方式是与硬件产品形成解决方案一块销售，在这种情况下，硬件产品卖得非常好，市场占有率超过70%，但作为软件产品管理经理，他们团队开发的产品往往作为赠品被销售人员免费送给客户，因此他的团队收入为0。

在这种情况下，他和团队一起分析原因，原来是定价方法有问题。于是他求助于知识库，发现公司推行的定价原则中，第一个原则是价值定价，就是按照客户给出的期望价值对应的价格来定价。于是他开始调研客户，问客户类似他这个和硬件捆绑销售中的软件应该值多少钱。几个客户的回答都是在几百万元这个级别。于是他回来向产品管理团队提出定价上调变更需求。由于这个变更符合要求，团队按流程执行了这个要求。结果在短短一年内，这款软件产品获得了3600万元的销售额，实现了由硬件产品独赢，到客户、软件、硬件产品多赢的局面。

基于此，这个团队整体学会了如何把定价作为一种竞争手段来获取市场成功的方式。有了这样的能力储备，即使后来出现因美国"卡脖子"带来的我国芯片供应不足情况，该团队都能够通过及时的补救措施以及灵活的价格管理方式，游刃有余地应对环境的不确定性。

从这个例子可以看出，一旦团队掌握任务的专业方法，快速反应以及被合理赋权，那么其战斗力是爆棚的。反过来看，如果按照已有的流程要求去做，不是具体问题具体分析的话，即对新问题用老办法，不去赋予权力，那么团队从前线获得的有效信息，就无法和组织需要补齐的能力建设进行有机结合，前期的过程执行能力建设和资产库建设，就会毁于一旦了。

赋权不是一味地放权，而是要求组织中的管理者、导师分辨具体情况，用开放心态与前线听得见炮火的同事，共同分析信息、掌握客户真实需求，并予以及时反馈、配备资源和提供支持。

6.4 组织能力与定量的管理绩效

胜任力是指员工的知识、技能和过程能力，最终体现在其执行过程获得的结果；而所有员工胜任力协同起来，执行的是组织的流程，组织的流程被执行，组织获得的业绩结果就被可预期地确定下来了。

因此，有了员工的胜任力分析和发展，在组织内部就会建立起胜任力架构，形成胜任力资产。当我们想去影响组织的绩效时，就有两个途径：其一是增强人员的能力，其二是想办法增强流程能力。无论是通过流程的重新设计还是通过不同流程间协同效率的增加。这个时候与等级较低时不同，员工执行流程能力的数据是已知的，组织干预员工提升过程执行能力的行动也是能够被预测的，组织流程执行的基线是明确的，因此这个时候组织的绩效往往都是可进行定量统计的。基于此，组织在管理的因和经营的果之间建立起了稳态的关系，并能够支持企业组织稳态地、连续地内生成长！

首先从组织的绩效上来看，组织需要哪些关键流程执行达到什么结果是可以明确的，因此可以分解为流程基线和期望的差距，这个时候组织流程的绩效目标就量化了。

其次看流程是否存在协同和重新设计的空间，如果存在这样的空间，流程协同和重新设计可以作为任务委派给组织内具备导师资格的人，由委员会来评审，这个流程可以被有效地调整、执行，并达到预期。

最后看员工胜任力发展方面的缺失和导师资源的情况，形成组织在达到既定目标过程中的能力建设专项。

综上，组织绩效目标的实现过程转变成了流程、人员发展等一系列连续的、可以预测的过程。这个时候，我们就可以说组织能力达到了适者生存的状态，是值得信赖的，组织的绩效可以实现从目标到行动的量化管理。

6.5 等级 4 的组织

本章从一个 TA 团队的例子开始，让读者认识到组织能力是组织应对变化的关键所在，而组织能力建设是在组织深化变革的基础上建立起来的。这些变化不仅受技术因素的影响，往往还受到政治和经济因素的影响。比如华为受制裁后，海思被大家广为知晓。但华为筹备海思不是一时的头脑发热，是借鉴日本"失去的 30 年"后痛定思痛的经验，是对地缘政治中存在的必然因素的识别。有些组织在这些变化中消亡了，而正是日常注重组织能力建设的组织才能够在各种变化中适应变化。

在等级 4 的组织中，有 3 个专业领域：导师、赋权的工作组（团队）、组织能力与定量的管理绩效。这里是一个递进关系，说明组织在进行变革的时候，变革顺序很重要！首先要对有能力的个体进行赋权；借助于导师制度，对有能力的团队进行赋权。与此同时，再用定量的组织能力和绩效目标去牵引协同力，形成组织内部的成长张力。在这个部分，我们没有去专门讲基于胜任力的资产和胜任力整合，这是因为没有导师就没有这两个专业领域的有效开展，没有赋权的工作组，胜任力整合就不存在落地的基础。笔者的观点是基于人力资本管理，注重组织活动沉淀为组织资产，因此我们首先关注的是聚焦投入的方式和领域，这4个领域的成功，会使胜任力整合成为现实，会产生高质量的基于胜任力的资产。

6.6 行动起来

当读者读完本章，回到实践场景时，我们首先要问：如果我想进一步地激发核心竞争力，有哪些人和团队是要去进一步激发的，进而能在组织能力和定量的绩效方面帮助组织提升到新水平？

首先我们要去找到专家，专家在组织内外有显著的影响力，对外影响客户的专业选择，对内影响个体、团队、流程和组织资产库。这样，组织个体的发展、专业团队的绩效、流程的基线都会明确出来，组织、人力资源、流程就可以更多用量化的数据来描述，有了专业领域的"驾驶舱"。

在这样的专业建设基础上，组织就会更好地适应客户需求，"心中有数"地应对市场和客户的需求变化。这样，各类专业团队才能具备专业领域的影响力和决策权，挑战更高的绩效，应对不确定的未来。

第7章
向创新要未来

7.1 谷歌的创新

谷歌在全球公司的创新中享有盛誉，从无人驾驶汽车到 Google 眼镜，无不是"大想法"。从员工创新上来说，Gmail、Adsense、语音服务 Google Now、谷歌新闻和谷歌地图等都是 20% 时间的产物。有如此创新成就的公司，他们是如何做到创新的呢？

谷歌认为，如果产品只是满足了消费者提出的需求，那就不是创新，而只是做出回应。谷歌认为创新的东西不仅要新颖、出人意料，还要非常实用。

谷歌每年都会对搜索引擎进行 500 次以上的改进，这些改进都很新颖又出人意料。把所有改进加起来，就可以称得上"非常实用"了。谷歌搜索引擎之所以每年都能取得巨大的进步，靠的就是一步步地积累。

在谷歌，创新之前有三个评估标准：第一，这个想法必须涉及一个能够影响数亿人甚至几十亿人的巨大挑战或机遇。第二，这个想法必须提供与市场上现存的解决方案截然不同的方法。第三，将突破性解决方案变为现实的科技必须具备可行性，且在不久的将来可以实现。以下是谷歌在创新实践上遵循的原则。

（1）首席执行官必须兼任首席创新官。

创新不能靠传统 MBA 式的管理方法。与常规业务不同，创新不可把握、无法强制，也不能事先安排。换句话说，创新的开发应该是一个涌现的、自组织和有机的过程。一个个想法冒出来，好似在一片原始混沌中产生基因突变一样。经过漫长的过程终于实现蜕变。比较强大的构想不断吸引支持者，势能越来越大，而欠佳的构想则会被半路淘汰。

（2）聚焦于用户。

在互联网时代，用户的信赖与美元、欧元或其他任何货币一样重要。要让组织获得持续的成功，除了依靠产品质量以外别无他法。因此，谷歌的产品战略，就是聚焦于用户。

聚焦于用户，赚钱便水到渠成。如果你的用户不是你的客户，而你的客户又不认同你"聚焦于用户"的观念，那么就很难做到这一点。谷歌 2012 年收购摩托罗拉。在产品评估会上，摩托罗拉的经理反复提及客户需求，实际上却与手机用户的真正需求相去甚远。原来在摩托罗拉，"客户"指的并不是手机使用者，而是指公司真正的客户，也就是手机运营商。

在谷歌，用户就是使用我们产品的人，而客户则是花钱投放广告以及购买我们技术使用权的公司。这两个群体之间很少会出现冲突，如果出现矛盾，我们还是会以用户利益为重。这是所有行业都必须遵从的做法。现在，用户比以往更强大，再也不会为劣质产品买单。

（3）往大处想。

埃里克和拉里在谷歌产品评鉴会上经常会用"你想得不够大"这句话来刺激工程师和产品经理。这句话后来被拉里·佩奇用"把想法放大 10 倍"取而代之。这两句话可以帮助人们从老旧思想中跳脱，包含着把不可能变为可能的艺术。

组织的演进→

毋庸置疑，往大处想的思维方式赋予了创意精英更多自由，解开了羁绊，激发了创意。除此之外，赌注下得越大，成功的概率往往也越大，因为组织无法负担失败的损失；如果你下了一连串较小的赌注，没有一个能威胁到组织的安危，那么你便有可能以平庸告终。

谷歌收购摩托罗拉以后发现，这家公司拥有几十款不同的机型，每款都以市场调研划分的特定群体为目标，这样其实导致了产品的平庸。相反，iPhone 之所以能获得如此高的人气，正是因为苹果公司每阶段只推出一款手机。如果新一代的 iPhone 研发遇到什么问题，想不出解决方案，团队中的任何人都不会回家，因为每一款产品都"输不起"。

此外，较大的问题通常也较容易解决，因为挑战越大，越能吸引顶尖人才。优秀人才能够解决问题，又能从中得到满足。把巨大的挑战交给不合适的人，你就是在制造压力；而选对了人，你就是在播撒快乐。

（4）70/20/10 原则。

谷歌的 70/20/10 资源配置原则是：将 70% 的资源配置给核心业务，20% 分配给新兴产品，剩下的 10% 投在全新产品上。

70/20/10 原则是确保核心业务占有大部分资源，蓬勃发展中的新兴业务可享受一定的投资。而与此同时，异想天开的疯狂构想也得到了一定的支持。10% 的资源并不算多，但也合理，因为如果在新的理念上投入过多，一旦后期失败，大家会更不甘心。同时，这种强制性限制条件更能激发在生产和销售方面的创新，"资源上的稀缺，是激发创意的催化剂"。

（5）20% 时间制。

谷歌的"20% 时间"工作方式，是允许工程师拿出 20% 的时间来研究自己喜欢的项目。但是，许多人都对这个概念有误解：该制度的重点在于自由，而不在时间长短。其实，与其说 20% 的时间，不如说 120%

的时间更合适,因为这个时间往往都会安排在夜晚和周末。

20%时间制最为宝贵的地方不在于由此诞生的新产品或新功能,而在于人们在做新的尝试时所学到的东西。绝大多数的20%的实践项目都需要人们运用或磨炼日常工作之外的技能,也经常需要他们与工作上不常打交道的同事相互协作。即便这些项目很少能够演变为令人眼前一亮的新发明,却总能产生更多精干的创意精英。

(6)创意无处不在。

认为创意只能出自公司的员工是最危险的谬论。创意无处不在,创意有可能来自公司内部,也同样有可能来自公司外部。

我们的地理团队在绘制世界地图时,研发了一款叫做 Map Maker 的地图制作工具,让任何人都能够完善谷歌地图信息,一个由草根制图者组成的新团体就这样诞生了。只用了短短两个月,这些草根制图者就帮我们绘制出了巴基斯坦长达 25000 公里的道路路线图。

曾经,拉里认为谷歌应该有 100 万名工程师,这并不是说谷歌应该有 100 万名员工。现今,世界各地的程序员经常会用到安卓系统以及谷歌参与研发的开源工具,把这些人加在一起,那么使用谷歌工具或在谷歌平台上进行创新的总人数很可能以百万计了。

(7)交付,迭代。

新想法不可能一出炉就完美无缺,你也没有时间等到想法完美的那一天。打造一款产品,投放市场,看看反响如何,设计并加以改进,再重新投入市场。这就是交付和迭代,在此方面眼疾手快的公司,才能成为赢家。

一个团队将新产品交付市场并不困难,但要持续跟踪和耐心提升产品就要困难得多。在谷歌,我们常常会用批评的方式来激励团队对产品进行迭代(适度批评有激励的效果,过度批评则会适得其反)。

判断哪些产品推出后胜出，哪些失败，就要用到数据。你需要确定你所使用的数据，并设立系统以便及时调用和分析数据，这对甄别产品的优劣至关重要。发展壮大的产品应该获得更多的资源，停滞不前的产品则相反。多数人都会计算已经投入项目的资源，以此作为一个继续投资的原因。这就是沉没成本谬误，而以数据为依据，则可以抵制次谬误的诱惑。

乔纳森经常告诫他的团队，不要把糟糕的产品投放市场，指望着靠谷歌的品牌力量在早期吸引人气。产品应当具有卓越的性能，在刚上市时，功能有限是可以接受的。在推出产品的时候，限制铺天盖地的市场营销以及公关宣传是有利的，因为相比于一款低调上市的产品，一款被吹捧上天的产品更容易让消费者感到名不符实。谷歌只有在产品展现出胜者锋芒后才会投入资源，上市之后，再添加新功能完善产品也不晚，应该让用户习惯于先接受功能有所局限但质量过硬的新品，然后再等着功能快速得到扩充的模式。

（8）败得漂亮。

要想创新，就要学会把败仗打漂亮，学会从失误中汲取教训。所有失败的项目都会衍生出有关技术、用户以及营销方面的宝贵信息，为你的下一次出征做准备。修改创意，而不要否决创意：世界上多数伟大发明的最终用途与最初设想都是天差地别。因此在放弃一个项目时，要仔细审视其组成部分，看看有无可能投放在其他领域。拉里说过，如果你的眼光够远大，那就很难全盘皆输。

另外，不要拿失败的团队问罪，而是要确保他们能在公司找到合适的岗位。因为下一批创新者正在静观其变，想看看失败的团队会不会受到惩罚。他们的失败虽然不值得称颂，但也是一种荣誉。因为，至少他们努力了。

管理者的任务不是规避风险或防止失败，而是打造一个不会因风险和不可避免的失误而垮台的环境。败得漂亮就要速战速决，一旦发现项目没有什么前途，就应该以最快的速度喊停，以免浪费更多资源，产生更多机会成本。你需要快速的迭代，建立检验标准，看看每次迭代有没有把你一步步推向成功。小的失误往往可以为你照亮前进的路，因此你应该预料并接受其存在。

谷歌不仅有基于主要业务的每年 500 次以上的创新，还有自己的创新实践，这些实践都和谷歌的管理原则以及人员管理方式息息相关。接下来，就让我们从组织成熟度的视角来了解持续创新的人力资源管理革新。

7.2　持续的人力资源管理革新与能力改进

提到创新管理，大家往往都兴致勃勃。但讲到人力资源管理革新与能力改进，大部分人会抓耳挠腮，不知道如何讲起。我们还是用一个例子来开始。

2012 年，一位 Adobe 的高管犯了一个善意的错误，却最终把它变成了一个重大突破。根据《福布斯》报道，2012 年 3 月，Adobe 负责人力资源的高级副总裁唐娜·莫里斯去印度出差。尽管她刚抵达不久，还有些时差反应，她还是接受了《经济时报》记者的采访。记者问她能做些什么来颠覆传统的人力资源。唐娜·莫里斯提出，绩效评估的方法往往会给员工的真实绩效带来损害，并说"我们计划废除年度绩效考核制度"。这是一个精彩的回答，除了一个小细节——她还没有和 Adobe 的 CEO 谈过这个想法！

第二天，她所说的内容就登上了报纸的头版。莫里斯惊呆了。她必须与 Adobe 的媒体公关团队一起在公司的内部网站上发布一则通知，诚恳邀请各位员工帮助她们尽快评估和改善 Adobe 的绩效评估方法。

最后一切圆满解决了。几个月后，Adobe 启动了一个新的绩效评估流程。正式的年度评估被非正式的季度"注册制"取代。不需要任何书面文件，重点讨论三个方面的内容：期望、反馈、增长计划。不出所料，新流程受到热烈欢迎。在发布后的两年内，Adobe 的被动人员流失率降低了 30%，而业绩不佳人员的自然离职率提高了 50%。一种欢迎新思想的文化（甚至到可以原谅错误的程度）则带来了创新。Adobe 拥有这种文化的要素，帮助它在面对一次次外部扰动时不断实现创新、转型。

之所以拿 Adobe 来举例，是因为这个例子很有代表性，既有从上到下的压力，也充分利用了自下而上的力量开展了创新，并获得了成功。无论是在之前章节提到的在绩效反馈环节收集优秀案例，还是业务变革中聚焦于业务开展重大变革，还是在上一个章节中提到的 TA 团队不断地进行创新，提升流程效率，这些事例都说明一个事情：创新的压力和实践在组织中是无处不在、无时不在的。当我们拥有高效的流程及执行能力之后，往往会使员工的创新更加聚焦了；当我们提出挑战目标的时候，整个组织的创新张力就产生了，基于流程的持续创新便成为现实。

著名企业家、原首钢集团掌舵人周冠五先生曾说："我与人民群众打了一辈子的交道，到最后我也不知道人民群众的潜力到底有多大。"这正是持续创新的人力资源实践所需要秉持的原则：有目的地激发创新，自下而上地培育创新，并将其培育成为组织新的流程能力。

7.3 管理组织绩效的协调性

组织绩效的协调性旨在加强个人、工作组（团队）以及业务单元的绩效结果与组织绩效以及经营目标的一致性。

从业务变革开始，组织便将核心竞争力建设提到首要位置，支持组织经营之道的持续实现，将组织的资源按照压强原则投入重点领域，达到足以取胜的程度。因此组织中的业务单元、团队、个人被联结起来，并持续地改造这个系统。

组织绩效的协调性不是指均衡，而是指明确组织成果情况下的聚焦、协调和协同。回到组织的概念上来，通过几个成熟度的不断磨炼，我们终于得到了组织战略—组织能力建设—赋权的团队 & 具备胜任力的团队这样一个体系，这样的建设连接了组织内外，实现了其社会功能；连接了从战略到执行，实现了其经济目的；连接了组织发展与个人发展，更多有成就感的员工更广泛地出现了。这就是组织绩效的协调性。

7.4　等级 5 的组织

在本章，我们首先从谷歌的创新开始，之后陆续讲到了 Adobe 的人力资源创新，并回顾了之前章节的相关内容。本章的关键词有三个：组织能力、持续创新、组织绩效协调。这三个概念属于一个范畴，它们都是实现组织最终功能所必需的，也是人力资源在高成熟度等级的典型特点。

当我们讲到创新时，读者会想到颠覆性的或开创性的创新，从组织的视角来看，或许正是这样的创新成为组织创建的基础。当我们仔细观察这样的创新，发现它是从具备最小模型后，逐渐演变而来的。一个组织能保持这样的方式，例如谷歌，为技术创新到客户需求之间铺平道路，是非常值得赞赏的。一旦你的组织具备这样的条件，就要让员工利用类似"20% 时间"的机制来创新，创建最小模型，然后快速验证、迭代。在这样的方式之外，组织只有建立高效的流程、分解明确的责任，让员工在自己的"责任田"中进行创新，这是创新的另外一种常见方式。从技术研发到营销、销售，再到财务、质量和人力资源，凡是流程、责任可以描述清楚的，创新都是可以发生的，而且不仅发生在组织内部，也发生在组织发挥社会功能的整个范畴。

至此，5个等级的进化之路已经全部描述完。在这个过程中，我们从随机发生开始，到向人才要绩效，向业务变革要成果，用能力适应变化，直到这一章向创新要未来。在最后，笔者首先想问的问题是，你获取绩效的方式是什么？你现在必须用什么样的方式来获取绩效，这些决定了你对组织的假设，关注的人以及应该如何聚焦于流程建设。我们将其作为一个选择，一个组织进化和蜕变的策略推荐给读者。如果你理解了这个初衷，就理解了我们介绍成熟度视角之目的所在。下一章中还会阐述这个话题。

7.5　行动起来

当读者读完本章后，回到组织实践场景中，应该问的问题是：我们的组织和团队是否一致、有力地向前进？我们是否已经在机制上具备有计划的创新，并做好了接受群众性创新的机制、资源准备？

我们首先要核查现有计划的创新如何匹配组织的当前与未来，如何与组织的使命相一致；其次要核查我们当前的机制是否能足够搜集、识别组织中广泛存在的创新。同时，还要将这些创新协调到组织能力提升、组织持续的市场绩效获取方面上来。

最后需要强调的是，这些创新是否达到了我们在当前和未来竞争的需要？如果已经达到了，风险是什么？如果没有达到，我们需要持续改进的是什么？对于有研发职能的组织来讲，这个问题会引导我们的研发资金投向哪里。

第 8 章
成熟度视角下组织的进化与变革

8.1 五个成熟度等级比较

当组织处于**等级 1** 时，组织的关键人力资源是组织领袖即老板本人。由老板做所有重要决策，提出文化主张。公司没有流程、机制建设或者在老板指挥下进行流程机制的建设。其他人在这样的组织中，只能是人手，扮演"秘书"或"助手"等角色。**专业能力只是权力和资本的仆人**。流程能力受限于老板的认知能力，而且是通过实时指挥和随机反应来实现的。

当组织处于**等级 2** 时，组织的关键资源是"人才"，这个定义的背后是将人的能力进行了区分，由此开始了对"人才"在内外部的搜寻和匹配。这些人的成长被认为是一个通过实际工作"开悟"的过程。用中国话讲，这个人"有悟性"，能展现出专业能力和领导力，大家就信服他。一个组织有这样的前提假设，就应该**在组织的关键岗位**上去寻找和培养人才，不断地根据任务去进行匹配。不仅要去逐渐选择出组织领袖，而且需要去寻找组织中的管理者，都要去匹配并尊重其专业决策能力，这个时候组织的流程是专业视角的，要做到专业内的最好，组织内部的决策往往是由这些少数的"人才"来主导或协同的，其他人只要负责执行就好了。自组织层面往下一层，部门管理者开始寻找业务专家，在自己的团队中建立起专业主义。等级 2 的状态不是一蹴而就的，需要组织领袖花很大的精力在人员选拔和匹配上，而且这是一个持续不断和反复迭代的过程。选择好人才之后，就是基于绩效目标的制定与辅导。从深度上讲，组织管理**主体**能够在多大程度上贯彻落实此类策略，往往决定了组织的人才管理水平。由于数字化可以帮助组织搭建高效的业务流程，一旦有了人才，有了授权的组织氛围和环境，组织就能快速地成长起来。奈飞就是这样的例子。但对于数字化程度不高，或者具有复杂流程的组织来说，仅有人才还不够，组织还需要在业务流程设计、优化、拉通和数字化上下功夫，并将其提上重要议事日程。

当组织进化到等级 3 时，组织的核心流程与关键岗位实现了无缝衔接，流程活动和员工岗位的活动、工作组的协同活动一一匹配了，且是基于组织设计后的匹配。这样就将组织的资源**聚焦**到了核心流程的执行上，就能更好地产出成果，服务客户。在组织内部，员工的发展和流程的执行能力（价值创造过程）无缝链接。从核心流程的决策角度来看，组织将流程节点中的执行权和决策权下放了。基于流程执行过程，即价值创造过程，每个员工的能力被识别、发展并和对应任务加以匹配。当我们讲员工胜任力发展和职业发展的时候，其实是基于业务流程标准化这个基础的。如果没有这个基础，员工的发展还只能靠"悟性"。在这个成熟度阶段，组织的管理者责任有什么变化呢？他们有机会成为业务流程专家，在关键环节和细节上指导专业员工的发展，如专业的流程、工具和方法。在这个阶段，组织领袖人员选拔、匹配、绩效辅导的职责减轻，此时除了要关注核心流程的效率和竞争性，还要关注价值观在核心流程中的体现。例如"以客户价值为中心"，需要外化为经营原则，并在业务流程和员工行为中落地并得到贯彻。

当组织进化到等级 4 时，专业专家才"批量"涌现。顶尖的专家这个时候被赋予导师资格。他们有的人是从组织变革的管理者变化而来，有的是从业务变革的骨干成员中来的。业务专家可以就一个业务领域进行指导，包括个体、团队和流程，组织的**胜任力资产**得以建立，且是与组织流程、组织最佳实践紧密结合的资产。组织人力资本的存在方式，体现为具备能力的人、高效的流程、数字化工具以及人执行流程的案例或知识体系。这个时候组织能力就在行业中突出表现出来，专业团队的能力明显高于平均水平，他们敢于做专业决策、敢于担责，组织的行为也明显带有文化痕迹。当这些条件都具备的时候，就到了打造组织品牌的时候了！到了这个阶段，组织核心流程的执行能力能够被预测，也能够加以量化。以此为基础，人力资本的管理被聚焦、投资、打造，并且为目标绩效来实现量化的资源配置。组织领袖这个时候可以将更多的精力投在战略上了：如何看待差距，如何选择要进入的新领域，何时进入等。组织能力也具备了适应环境变化的能力，进入可以与战略规划"并肩作战"的状态了。

当组织进化到等级 5 时，应持续创新、开放创新，并保持与追求绩效的协调一致性。在流程框架和活动细节设计的基础上，在专家的指导下，整个组织有计划的、涌现性的创新开始出现。如何更广泛地发动创新力量成为此时决胜未来的关键点。因此，广泛的鼓励创新，支持创新，甚至是颠覆式的创新成为组织领袖关注的焦点。因为只有创新，才能持续地创造客户，才能实现组织价值。此时，人、流程和组织本身的开放度大大增加了，进入到最广大的统一战线状态。

本书的重点聚焦在等级 2 和等级 3 上，主要有三个原因：第一是因为从组织进化过程来看，等级 2 和等级 3 对组织转变或跃迁的意义重大。在奈飞的这个案例中，其"数字化"核心业务流程基本确定、持续优化的条件具备，因此放大人才管理优势就成为组织持续创新的关注点。华为 IPD 流程变革之后，管理主体对掌控组织能力有了很大的把握，公司可持续创新的能力得到验证。第二，等级 2 和等级 3 之间的转换是整个组织进化与变革的枢纽，没有相对完备等级 2 的实践和制度设计，等级 3 是难以达到的。比如，即使数字化使某项业务能力达到了等级 3 的水准，而等级 2 的能力却不支持，那么专业流程领域等级 3 就会在激烈的竞争中以及内部效率塌陷中沦为摆设。第三，等级 4 和等级 5 的组织成熟度，需要在等级 3 的基础上才能产生，很难凭空而来。

8.2 组织进化与变革

当我们讲组织进化时，指的是从等级 1 向上逐渐进化。当我们讲变革时，有两个意思：一个意思是从等级 2 到等级 3，这是一个真正的变革，既是组织发展的需求，也是数字经济时代对组织的要求；另外一个意思是从等级 3、4、5 重新聚焦开展等级 2 的实践，调转组织的"方向"。等级 3、4、5 也会引起流程固化，乃至僵化，使组织这艘大船失去适应环境的能力，这对组织来说是个危险。因此这个时候要再回到等级 2 的状态，并重构组织在新形势下所需要的新组织能力。从等级 3 到等级 2 还有一个时代特例，数字化时代的组织迅速通过数字化工具建立了专业领域的数字化产品或服务能力（专业领域成熟度等级 ≥ 3），随着其快速发展，其他专业领域、人员管理实践、组织管理将跟不上业务发展的需求，必须予以补齐。

笔者理解的等级 1 组织的存在，它既有历史因素，也有认知因素，还是组织发展过程中必经的一个阶段。但长期处在等级 1 状态，站在社会文明和进步角度来看是不合适的，因为它的存在剥夺了其他人发展的权利，

第 8 章　成熟度视角下组织的进化与变革

是逆社会发展潮流，与数字经济时代特征也不符合的。帮助组织进化是笔者提出组织演进的重要初衷，它有广泛的参考意义，一旦聚焦战略执行达到闭环，组织就应该顺势进入下一阶段的进化。

对于等级 2 的组织，笔者倡导其向等级 3 去变革。如果这个变革完不成，组织能力建立不起来，就要去重新审视等级 2 实践中的问题，一定是人才匹配出了问题。

对于等级 3 的组织，笔者鼓励其选择性地去实践更高等级的制度设计并用以指导实践。与此同时，也要注意随着环境变化保持敏捷。一旦组织发生流程僵化、故步自封的情况，就要有能力重新考虑人的匹配、流程的重新设计等问题。

对于等级 4 和等级 5 的组织，笔者鼓励其研究组织的经营之道，就社会环境变化和组织创新进行协调，持续为社会做出贡献，持续为组织人才的发展做出贡献，为社会的人力资本建设做出贡献。

当我们认真谈论变革时，到底是什么变化了呢？我们仍从人力资源、流程和组织三个角度来阐述。

等级 2 的组织将组织中的人进行分类：一类是"人才"，一类是"人手"。人手常有惰性，要靠人才的指导、监督并开展绩效整合。这种假设自古以来有之。正是基于这个假设，组织领袖才将对"自己是个人才"的认知扩展到一小部分人。当笔者去组织中访谈时，这一点非常明显。但这个假设有缺点，《道德经》上说"不尚贤，使民不争"。企业一旦开始实施"人才"战略，人与人之间的争斗和包装就开始了！大家都有各自认为的"人才战略"，此时如何衡量呢？如何在不同业务之间衡量，如何在同一业务的不同周期之间衡量，如何在不同地域之间衡量呢？这些问题是所有组织必须回答的。因此，最后的"人才"战略除去其组织内部的政治斗争面，在管理上的投射便是特定业务场景下的

组织的演进→

组织文化选择（同时也夹杂着历史和现实的约束条件）。当组织达到等级 3 时，其实采用了另外一种假设：人人平等。与此同时，组织的制度设计和流程管理也是公平公正的。每个人应该被明确告知发展的机会和方式，组织提供和设置不同的发展道路，鼓励员工参与。是否能够达到任职标准是员工的事情，但说清楚标准是组织的事情，是否按照对应的标准来聘用员工也是组织的决策。显然从好的方面来看，组织出现了核心流程，相关员工从一般绩效到最优绩效的过程，但这个过程能百分之百达到吗？考虑到成本、员工年龄、真实商业机会等原因，最后也不可能达到每个人都成为最优，发展状况还是会有差别，但这个差别并非来自假设，而是来自发展的选择不同，来自基于场景的个体选择，来源于组织平台上竞争的结果。对于人才认识的进化之路见图 8-1。

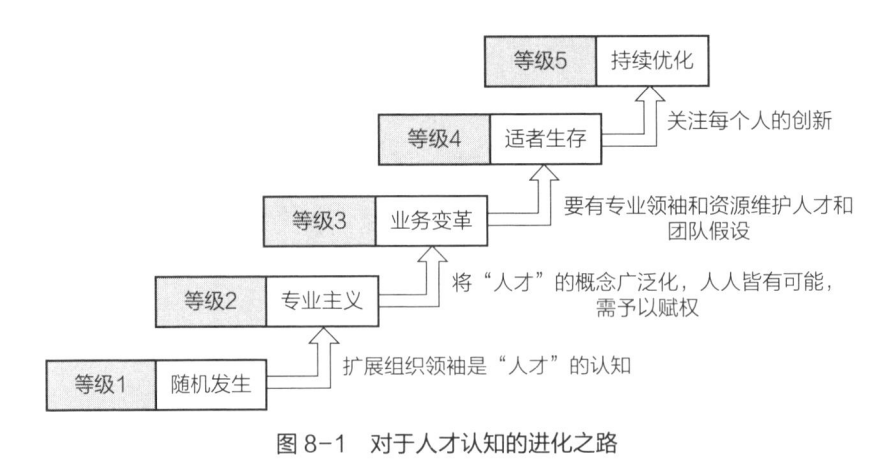

图 8-1 对于人才认知的进化之路

资料来源：笔者绘制。

从流程的角度看，等级 2 是从专业职能视角来建设的，专业原则、专业技术是第一位的，因为有了这些专业原则和专业技术、工具，某一个团体才能被称为专业，才有存在的必要，专业原则和专业技术越是使

第8章 成熟度视角下组织的进化与变革

用得精深，则专业壁垒越大；等级3的视角是从外向内看的，无论什么专业，都要首先向客户提供产品和服务，无论什么专业原则，都应该服从组织的社会责任，实现其功能器官的要求，各个专业都必须聚焦到组织的社会责任上来。在聚焦于社会责任的基础上，才能达到等级4的不断整合、调整以适应环境，才能达到等级5的大众创新阶段，才能创造组织的未来（见图8-2）。

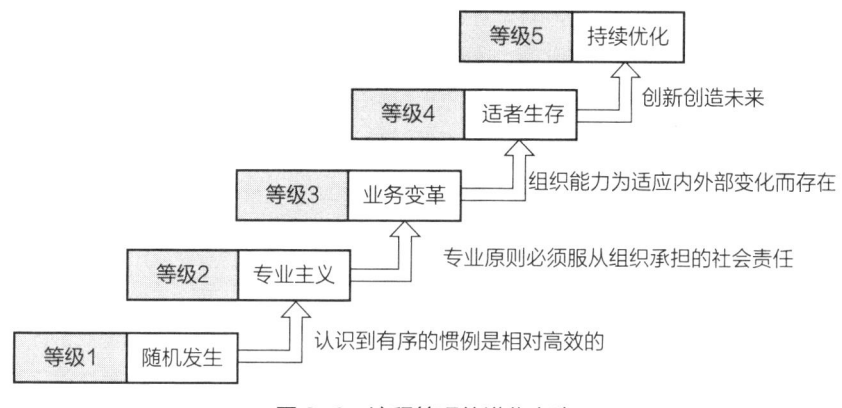

```
等级5  持续优化
       ↑ 创新创造未来
等级4  适者生存
       ↑ 组织能力为适应内外部变化而存在
等级3  业务变革
       ↑ 专业原则必须服从组织承担的社会责任
等级2  专业主义
       ↑ 认识到有序的惯例是相对高效的
等级1  随机发生
```

图8-2 流程管理的进化之路

资料来源：笔者绘制。

从组织"协调"视角来看，等级1的组织来源于组织领袖的个人协调，因此大家都要遵循这个原则；到了等级2，要按照专业原则来协调，如果出现矛盾，靠员工的自我协调技能以及上级领导来协调；等级3的组织，协调是围绕核心竞争力建设、最优化流程的协调；等级4开始整合组织不同流程之间的协调；等级5关注在协调过程、流程执行过程中，人、团队和流程的持续创新（见图8-3）。

综上，我们将人、流程、组织在进化过程中的方式方法、专业领域和背后假设都阐述完毕了，每个组织都可以采用这样的方式来进行有效的组织管理与组织发展工作。

等级	组织进化之路			
	绩效获取方式	对组织的假设	关注的人	流程状态
5 持续优化	向创新要未来	组织巨大的力量蕴藏在群众之中	与组织流程执行能力提升相关的所有人	组织流程被定义、协调、剪裁、创新
4 适者生存	用能力适应变化	有组织能力才能适应环境变化	与组织重要竞争能力提升相关的所有人	实时重要流程数据反馈与调节
3 业务变革	向业务变革要成果	核心竞争力是取胜之本	组织核心竞争力提升涉及到的关键人	关系组织核心竞争力的流程被分析、发展
2 专业主义	向人才要绩效	组织需要专业人士的贡献	部分管理者或专家	专业视角的流程，注重专业原则
1 随机发生	向领袖要生存	一切老板说了算	组织领袖个体	缺少流程，大多是根据情境的个人决断

图 8-3 组织进化之路

资料来源：笔者绘制。

8.3 成熟度对组织与管理主体的价值

至此，读者对组织成熟度有了比较完整的认识，与传统的成熟度评估方法不同，笔者鼓励组织的管理主体去诊断其组织假设、关注人的范围及流程状态，做出判断，并选择专业流程领域去开展变革与实践。在不同的阶段，我们指出了不同的组织假设、人力资源管理实践领域及流程状态，为组织形成自己组织的进化之路提供了指南。

在人力资源专业领域方面，共有 22 个领域，在等级 2 和等级 3 的部分进行了优先级区分，为组织在资源匮乏情况下优先投入指明了方向。为每个专业领域确定了目标，每个组织可以就这些目标的理解，分解为基于自己场景的实践并不断改进。

当我们采用组织成熟度来指导工作时，人的发展得以被持续关注，流程的效率被持续关注并得到提升，组织中的数字化工具建设被激发，组织的人力资本将存在于组织的流程活动及人员身上，组织的能力和面貌就焕然一新了。

笔者建议在组织中采取"简单诊断—专业领域成熟度等级目标选择—改进"的方式来进化组织和团队，并广泛地和组织内外进行交流，以复盘、反思成功和失败的经验，在组织进化之路上乘风破浪。

真实的场景往往更复杂，所以在理解了组织成熟度之后，下一章，我们将基于惠普公司 77 年（1939—2016）的历程，分析其演进过程。

第9章
组织的演进：惠普77年

前面章节中，为方便读者理解，笔者都安排一个例子来阐述对应阶段的成熟度，这种方式显然简化了现实。为使读者能更深刻地体验在现实中组织成熟度面对内、外压力时的评估、选择与实践，本章我们从组织演进的视角来解读惠普77年的业务与管理实践，即从1939年惠普成立，到2016年。

之所以选择惠普，有几个原因：第一，它的组织历史足够长，能够让读者看到它在不同时代如何维护其经营之道；第二，惠普具有代表性，它从一家小公司成长为多业务集团，经历了不同阶段，也是硅谷主要的创始公司，还是一家注重文化建设的公司；第三，惠普是比较早发展起来的高科技企业，对中国当今高科技、知识密集性组织的启发性更大；第四，笔者从21世纪开始的几年接触成熟度开始，一直和惠普有业务上的来往，算是有一些切身体验；第五，《七次转型》中有相对充分的资料让我们能够了解其演变过程，虽然这本书是基于战略领导力的视角，但它采用了《好战略，坏战略》中的观点。好的战略通常包括三个要素：一是能够简化环境复杂性、识别CEO所面临的关键挑战的诊断能力；二是能够克服阻碍、应对挑战的指导政策；三是指导战略的一套连贯一致的行动。这三个要素与笔者对组织的关注不谋而合。

9.1 建立观察组织的全面视角

在之前或之后的叙述中，我们关注的均是组织发展内部视角，在第10章中我们将这个内部视角分为三个部分：组织的创新力、一致性与员工关系。但只有这三个是不够的，当我们在实际中观察组织时，还要观察它和社会的接触点：一方面它要面对长期市场变化与竞争，另一方面也要处理好客户需求；而且我们还要认识到，组织是社会的器官，社会文化传统影响了组织的文化原则，同时社会的生产力水平也为组织提供了便利与限制。因此当我们从整体视角考察组织时，我们采用了八个维度，并把它分为四组，见表9-1。

表9-1 整体考察组织的八个维度

新增视角	社会环境	内外需求	社会功能	长短期竞争
偏创造性	扎根社会传统	洞察客户需求	激发创新力	应对市场竞争
偏一致性	适应基础设施	面对员工抱怨	理顺一致性	面对社会变化

资料来源：笔者绘制。

第一组是扎根社会传统和适应基础设施，每个组织都是在社会传统和对应的基础设施中"诞生"的。所谓社会传统，是指在这个社会中的价值取向，例如惠普之道中的"相信、尊重个人，尊重员工"就是从西方人权运动中引申出的一个基本社会传统。一方面，组织从诞生那一刻起，就带着社会的特质，同时又是对社会传统的一个"刷新"。另一方面，组织要适应社会上的基础设施，例如电报时代、电话时代、互联网时代带来了不同的信息处理方式，航运、航空、高铁带来了不同的物流方式，电子邮箱、即时通信软件带来了不同的内部沟通方式，谷歌、脸书、微信、抖音、亚马逊带来了不同的营销方式，等等。这两个方面既

组织的演进

是组织诞生与发展的有利条件，也是限制条件。

第二组是内外矛盾，对外是洞察客户需求，对内是面对员工抱怨。一方面，组织需要始终面对客户需求，否则就难以行使其社会功能之职责；另一方面，无论如何都要面对员工抱怨，抱怨在满足客户需求的过程中遇到的困难和不公。这两方面都是激发组织进一步发展的原动力，如何应对这一对矛盾体现了组织能力。

第三组是激发创新力和理顺一致性。一方面，一旦客户需求洞察清楚，就要激发创造性来提升自己的竞争力，这样就必须要求组织在研发、生产、销售和服务的过程中具有竞争力，这样的组织能力必须被整合，成为组织聚焦资源建设的专业领域，只有足够专业才能让员工有足够的成长和应对困难现实的准备；另一方面，在获得竞争地位的过程中，让员工获得足够的工作意义、决策权，成长权，以及获得成果之后，让知识员工——这个掌握生产资料的群体获得足够的、公平的分配权，而不是让资本掠夺他们的成果，那会成为激发创新力的灾难。

第四组是竞争和变化。组织每天能感受到的竞争来自竞争对手，而每天不能明确感受到的是社会和行业趋势的基本变化，这要求组织能协调短期和长期发展矛盾。既要比竞争对手快半拍，又要为未来的基本趋势变化做好准备。

结合组织成熟度，也可以表现为图 9-1，也就是说，无论组织本身如何演变，它都面临这样的 4 组压力。这样，我们就建立了一个全面视角来观察组织内外的互动。

比尔·休利特和戴维·帕卡德正是在接受美国大学教育以及职场教育后，利用专业知识创造了他们第一个产品"音频振荡器"，开启了其不断接触内外需求的过程，产生了惠普行使社会功能和应对长短期竞争的漫长历程，见图 9-2。

第 9 章 组织的演进：惠普 77 年

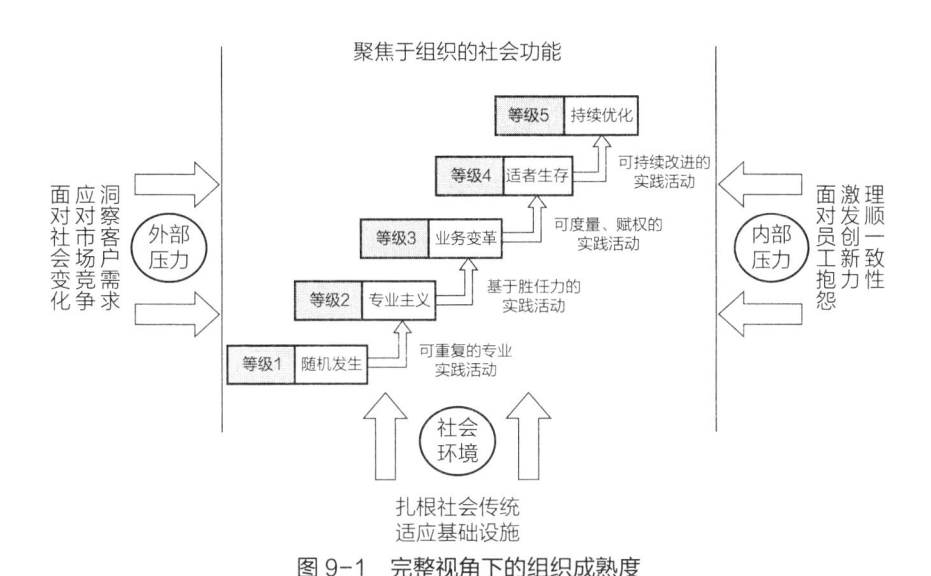

图 9-1 完整视角下的组织成熟度

资料来源：笔者绘制。

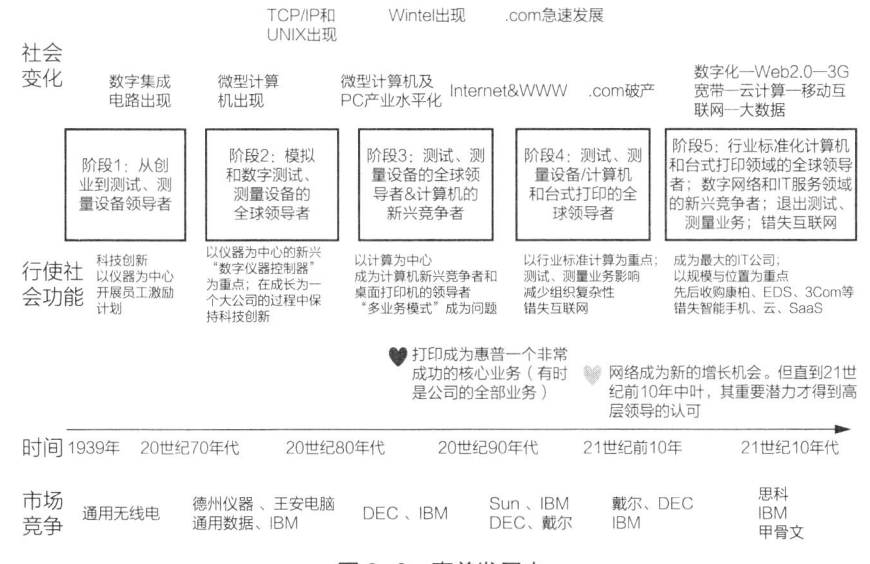

图 9-2 惠普发展史

资料来源：笔者根据《七次转型》材料绘制。

组织的演进→

在看过图 9-2 的概略情况之后，我们再回到 20 世纪 30 年代末，回顾惠普在内外压力下的演进。

9.2　惠普的基石

（1）扎根社会传统。惠普显然经历过等级 1 阶段，特别是两位创始人在组织当政的前期，帕卡德和休利特总是具有最终决定权。但随着公司的壮大，他们两位作为组织领袖在这方面的根据文化的转变值得赞扬。我们逐次来看《七次转型》中的几个记录。帕金斯说："当我成为一名部门经理时，我知道我能做任何一种创新的空间都很小，几乎没有。你可以在自己的渠道中进行创新，但除此之外的都不能，除非能说服帕卡德和休利特。""很多情况下，他们也听从了高管关于重大资源分配的建议。"然而逐渐地，帕卡德和休利特明确表现出"自下而上"的领导力，他们支持新举措，"先给予一点小钱，看这个举措势头如何。如果它势头不错，有潜力，就给予更多的钱"。最后他们将惠普发展为基于分权式、小型的，类似独立业务部门的运营模式。为了应对这种模式带来的协同不足，帕卡德强调分区概念，即把研发、制造、营销人员放在一个区域，从产品研发开始大家就在一块工作。我们可以清楚地看到随着公司的发展，惠普作为一家美国企业，有向美国政体机制靠拢的明显倾向，且根深蒂固，从而为后来的组织适应新业务造成较大影响。这就是惠普在美国文化传统中扎根发展起来的情景。

（2）适应基础设施。惠普的诞生在美国经济大萧条将要结束，二战开始的前夕，1939 年。在此之前，帕卡德和休利特已经在斯坦福和麻省理工分别完成了电子学领域的学习。休利特在研究生期间开发了一个改进振荡器产生音频信号的原型。构建产品的工具，如"长凳、虎钳"等当时在市场上已经非常容易获得。与此同时，他们两位很早就认识了当时在这个领域的先驱公司通用无线电的领导者，两位以通用无线电为标杆，自认为是后来者和追随者。这是惠普在诞生之初面临的社会基础设施。

（3）洞察客户需求。惠普从一开始就在自己的领域对客户需求洞察出色。第一笔大订单来源于迪斯尼，它以合理价格、优质产品满足了迪斯尼首席音响工程师巴德·霍金斯对音频振荡器的需求，在对方的要求下做了足够多的修改。以远低于当时竞争对手的价格，即每台 71.5 美元的价格向迪斯尼出售了 8 台。比较于 1939 年总共 5000 美元的销售额和当时的货币价格，这是一个货真价实的大订单。由于惠普主要向设计、制造、维修电子设备的人销售产品，所以很了解客户需求，使得他们在测试和电子设备领域享有盛名。当模拟和数字技术出现在测试测量仪器设备上时，惠普轻而易举地就完成了这个转变。

（4）面对员工抱怨。员工在这一个阶段几乎没有什么抱怨，但在后期他们明确知道公司高层不太喜欢惠普进入计算机行业。

（5）激发创新力。在激发创新力，构建组织核心竞争力方面，惠普这一时期表现卓越。他们把公司的年增长目标设定为 15%。帕卡德明确指出，利润不是公司的目标，对市场的贡献程度才是。通过专业决策分散化，惠普做到了权力下放。帕卡德也清楚地认知到，"增长应归功于制造技术"。1980 年，当帕卡德在回顾时，他曾说："我们已经在研发与营销之间建立了紧密关系，并且还在继续。"这说明惠普的领导人一开始就在思考如何适应增长的市场，如何通过组织的权力下放的同时，对铸就"研发—制造—营销"一体的竞争力有清楚的认识和有力的实践投入。我们可以判断，惠普在测试业务领域的"研发—制造—营销"体系完成了业务变革，具备了等级 3 或以上的能力。

（6）理顺一致性。惠普创始人在这方面也堪称典范。他们一直坚定认为应该"让员工有机会从公司成功中分享收益"并"从内部提拔人"。在创立之初就借鉴并改造了通用无线电公司的员工激励计划,将销售额的30%与工资挂钩,每月调整薪水,给予员工节省下来或增加的利润。1957年,净销售额增长39%时,给予员工大量股票、奖金;1959年,开始员工持股计划。

(7)应对市场竞争。惠普强调不偏离对测试和电子设备的关注。20世纪50年代,聚焦在音频/视频、计数器、微波和示波器四类产品上。

(8)面对社会变化。为了面对社会变化的长期需求,惠普成立了实验室,并对实验室按照销售额一定比例投入,一度稳定在年销售额的10%左右。同时成立了创始人董事会,来把握企业发展的方向。但惠普对外部的变化不敏感,20世纪50年代,他们没有参与到计算机行业的大发展中来。休利特曾说:"我们对此不屑一顾。"1956年,休利特和帕卡德的导师弗雷德·特曼向休利特询问有关计算机的信息时,比尔只能回复:"亲爱的弗雷德,我对电脑一无所知,我们组织中的任何人也不知道那是什么。抱歉我们不能在这方面帮上忙。"直到1968年,惠普才认识到计算机行业的大发展,提拔了35岁的约翰·杨为副总裁,负责新的帕罗阿尔托电子产品集团。但戴维·帕卡德也明确地认识到,惠普应致力于开发更多"有效的管理,因此需要重组企业组织"。但整体上来看,惠普的战略管理并不成功,处在"有序"的阶段而不能适应外部环境的重大变化,惠普的组织也没有孕育出适应计算机时代的文化。

从这个阶段惠普的实践来看,其将主要精力聚焦在人员招聘与配置、管理绩效上面。

人员招聘与配置方面,惠普由于二战后需求减少,也经历了不得不裁员的事件,他们从200人减少到80人,以使人员规模匹配增长保持最低限度。但惠普很早就确定了"任人唯贤""从内部提拔人"的准则。20

世纪 40 年代后期，开始资助斯坦福大学工程学院研究生项目。《七次转型》中明确记载了比尔·休利特亲自参与了招聘加州理工大学阿尔·巴格利的案例；1962 年，当惠普启动内部销售团队建设时，想收购 9 位经常合作的分销商，结果 8 人加入了惠普。休利特曾说："在管理和工程方面，都有自己的关键人物。"当公司要正式进入计算机行业时，惠普也确实能找到优秀的约翰·杨来担任领导人，带领惠普迈上新征程。

在管理绩效上，惠普也有清楚的认知与实践。1957 年，在加利福尼亚州索诺玛，惠普最优秀的 20 名经理开展了一次具有里程碑意义的会议，制定了指导公司的目标清单，并明确应开发这样的目标清单，定期评估，必要时修改这些目标。同时，他们也开始对员工进行评估和排名。

在组织人力资源其他方面，惠普提供一种非正式的、友好的氛围来进行组织内的沟通。

惠普这个阶段从 1939 年到 1978 年，由两位创始人戴维·帕卡德和比尔·休利特担任组织领袖，他们基于社会条件和文化创造了惠普基于测试测量仪器的一整套自洽的管理逻辑，应该说在这个业务领域，达到我们分析八个方面的自洽，成为该领域的领导者，也成为惠普后续发展过程中的资产与基石。当回顾其不足时，我们也能看到，基于美国社会文化形成的分权机制、惠普式的工程师文化对后来的计算机业务发展形成障碍；公司在应对长期变化方面的能力也略显不足。

9.3 进入计算机行业

（1）扎根社会传统。计算机系统业务需要高度协调和整合许多组件，包括微处理器、操作系统和外围设备。但惠普偏好自主经营部门，部门之间的互动很少，不同部门间与计算机业务相关的活动缺乏协调。结果

组织的演进→

导致惠普独立创建了至少三个不同但高度重叠的 16 位计算机系统：第一个计算机生产线主要集中于工程应用；第二个应用于制造业；第三个则关注商业用途。当惠普的市场规模远低于竞争对手时，这些在测试、测量时期流传下来的传统和分散化管理原则使得惠普的市场竞争表现不如人意。另外，工程师文化也令公司受挫。约翰·杨曾和工程师争论，工程师认为，如果他们不发明这个特定的应用程序或组件，那么它们不会是真正的惠普产品。约翰认为这是愚蠢的，他不得不将这些演讲 1000 次：你如何在基于标准的世界中做出贡献，这才是最根本的问题！这也是新时代贯彻惠普之道的思维方式。然而在约翰·杨任 CEO 的整个任期，他在这方面的言论和管理实践在 HP 内部是有广泛争论的，好在约翰是惠普的老人，才让他将自己的想法和实践维持到 60 岁退休。分权和工程师文化带来的对计算机行业的不适应，一直延续到 21 世纪的前 10 年。这就是惠普扎根美国社会文化，在进入计算机行业后给自己带来的一些障碍（这里需要说明的是并非美国文化不适合计算机行业，而是说在经过测试测量仪器设备后，惠普这个企业文化成为高度协同的障碍）。

（2）适应基础设施。在这个时代，非常明显的基础设施变化是微处理器的出现，成为显著影响计算机行业发展的力量。微处理器有两个技术路线，称为复杂指令集计算机（Complex Instruction Set Computer，CISC）和精简指令集计算机（Reduced Instruction Set Computer，RISC），开拓了小型计算机市场，在办公室由个人使用，通过网络系统连接，并使用各种各样的数据处理软件应用程序。RISC 架构的微处理器，为创造开发工作站提供了途径，这种工作站是科学家和工程师最初使用的一种计算机，但随着软件的发展，迅速找到了商业市场。最初，大多数小型计算机公司基于自己的微处理器创建了自己的操作系统。20 世纪 80 年代中期，许多工作站制造商使用 RISC 技术路线，并使用 UNIX 的不同版本作为操作系统。而英特尔、摩托罗拉开发的CISC微处理器为全新的个人电脑市场铺平了道路。

（3）洞察客户需求。惠普进入计算机行业时显然迷失了方向，他们只有靠原来的方式获取一些战略机会，例如HP3000型计算机。该机型于1968年开始研发，1972年推出第一个版本，是惠普第一款专注于商业数据处理市场的小型机。它由惠普内部熟悉商业市场的人设计，也没有针对科学计算进行优化，即使如此，作为一个16位计算机，还是打败了数字设备公司的VAX电脑系列。但在其他方面一直乏善可陈，一直到约翰·杨任职的后期才不在洞察客户需求方面纠结。

（4）面对员工抱怨。由于计算机业务和测试测量设备的不同，从上到下对公司的抱怨是明显的。一方面，约翰·杨推行的惠普之道和员工在测试测量设备建立起来的惠普之道认知并不完全一致；另一方面，计算机行业相比测试测量设备，规模虽远大于后者，但它的利润率却远低于后者，这使得大家都对新业务和推行自上而下整合的努力有不少抱怨。测试测量设备的买点是质量，并获得高利润，而不是计算机行业关注的上市时间和低价格。这种抱怨从工程师到董事会都广泛存在。

（5）激发创新力。1978年，约翰·杨接任CEO时，从内部看惠普几乎一半的收入都来自计算机业务，但从外部看，这个行业正是IBM的天下。经过不断的整合，计算机市场的领导者被称为IBM和BUNCH，BUNCH是IBM五个主要竞争对手的缩写，但H并不是惠普，而是霍尼韦尔（Honeywell）。1978年，惠普的计算机产品收入仅为霍尼韦尔的一半。1980年，董事长戴维·帕卡德决心使公司成为他曾经想避开的行业——计算机行业的领导者，他告诉高层管理人员："如果要参与这项业务，我们就需要认真对待。我们需要成为第一大电脑厂商。这将需要25年。我们最好现在就开始。"约翰认识到，建立起市场导向的，具有鲜明

组织的演进

特色能力的，差异化产品定位的重要性，为此他聘用了在计算机技术领域有远见的、领先的专家，来自 IBM 的乔尔·伯恩鲍姆，同时强调战略行动要与新的计算机业务战略相结合。1987 年，威姆·罗兰茨被选拔出来，负责管理涵盖惠普大部分计算机系统产品的商业系统集团，这是公司为提高标准化而努力的结果。最终，罗兰茨在惠普 PA/RISC 系统推向市场时起到了关键作用。约翰·杨不得不强势地在计算机业务领域采取与惠普传统背道而驰的、自上而下的战略领导力体制，以集中销售、营销和研发的战略。1992 年，约翰退休时，惠普在快速增长的微型计算机和服务市场上从 17 名上升到第 3 名。紧接着，惠普在快速增长的个人计算机领域获得了较大的改善。虽然该行业盈利情况一般，但是约翰·杨之后继任的 CEO 卢·普拉特决定使公司成为个人电脑行业的领导者，同时希望公司学习好如何在这个高容量、低利润的市场里面成为领导者。在卢的领导下，惠普成为领先的消费者 IT 公司。在卢之后外聘的 CEO 卡莉·菲奥莉娜时期，惠普和康柏合并，她认为合并后公司将具有规模和范围经济优势，能产生"系统级、集中的创新"。然而卡莉的目标并未实现，反而是靠继任 CEO 马克·赫德的减少支出和优化销售成本达成了既定的规模经济优势。后来马克的目标是使惠普成为全球最大的 IT 基础设施公司。2010 年，李艾科成为 CEO 后，信息技术产业进入"后 PC 时代"，他认为公司开始面临重大危机，"惠普可能会与其客户变得毫不相干。规模大不一定是一个杰出的属性，你可以是大且无关联的公司"。惠普的增长陷入困境。

（6）理顺一致性。与比尔和戴维时代和谐的一致性相比较，当惠普进入多业务时代，特别是业务具备不同的商业模式时，原来的基石被动摇了。公司不得不将测试测量的业务，以及后续成功的打印机业务利润拿来发展计算机行业。当 1989 年惠普收购阿波罗计算机公司时，阿波罗的员工曾要求惠普创建一个管理/技术的双晋升阶梯。显然从公司愿景、决策方式到员工发展,惠普的相对领先地位出现了下降。在员工参与利润分配方面,再也没有第一阶段的辉煌。卡莉·菲奥莉娜任职 CEO 期间,引入了新的薪酬体系,使高管人员得到大额奖金而其他员工的利润分配减少了,这改变了惠普的文化。马克·赫德专注于削减成本,招聘外部领导者,并大幅增加高层和低管理层之间的薪酬差异,进一步使惠普文化偏离了原来的轨道,在内部产生了冲突。

(7)应对市场竞争。在这方面,惠普一直相对被动,在约翰·杨的强力推动下,惠普最终学会了如何在复杂的组织中有效地管理新产品计划,使之成为惠普的核心竞争力。在计算机业务领域,它成功地消除了惠普的神话——它必须制造其产品的每个零件才能取得成功,并将惠普从极端的产品导向更多地转移到营销领域。随着英特尔成为微处理器市场快速增长的竞争者,其芯片性能提升,成为惠普专有的 PA/RISC 系统功能的微处理器的威胁。考虑到强大的微处理器设计和建造极其昂贵,制造微处理器的晶圆工厂,要花数十亿美元来建造和装备,因此英特尔的规模化优势成为惠普计算机产品路线的重大威胁。随着 Wintel[①] 的强势崛起,惠普也不得不在操作系统和微处理器方面转向全面支持 Wintel。通过之后合并康柏和马克·赫德的治理,惠普在计算机行业才成为规模和利润方面的赢家。

(8)面对社会变化。在应对长期社会变化方面,惠普仍然是反应慢的一方。一方面,惠普公司没有在整体上很好地认识到计算机行业与测试测量行业的不同,对 Wintel 的形成和应对缺少策略;另一方面,惠普接连错失了互联网、智能电话、云和软件即服务(SaaS)。如果惠普在建立计算机行业核心竞争力方面快一步,例如在约翰·杨上任的五年内搞

---

① Windows 和 Intel 的联合缩写。

组织的演进→

定这个业务变革，惠普在新时代会更加的游刃有余。当然，这只是一个假设。但从组织演进视角，从组织成熟度视角，我们完全有理由得出这个事后观察的结论。

这个时期，由于一直是在建立组织核心竞争力的过程中，组织在人力资源方面的实践也遭受到挑战。

惠普在第一阶段丰富多彩且成功的招聘实践在第二阶段乏善可陈，公司的招聘政策强化了对计算机系统业务的狭隘态度。与此同时，"从内部提拔人"的传统受到挑战，惠普从卡莉·菲奥莉娜开始，似乎已经无法从内部产生 CEO 了，且寻找合适的 CEO 对公司已经形成挑战，这对惠普文化不得不说是一个讽刺。

在沟通与决策方面，也变得效率低下、官僚化。惠普缺少明确的决策机制，所有这些决定都是在个人基础上进行的，基于个体以前的表现，决策通常在帕托阿尔托俱乐部或高尔夫球场、帆船船舱等这些社交场合做出。这是基于个性和信任，而不是逻辑或事实依据。但你只有在公司取得成就，才能被自动视为会员。以乔尔·伯恩鲍姆为例，这样资深的领导者成为"会员"也花了 10~15 年的时间。卡莉·菲奥莉娜担任 CEO 时，认为惠普内部协作的核心价值观已经退化为以协商一致的方式进行管理，而这种文化倾向于规避风险，延迟决策，甚至缺乏决策。

无论如何，我们看到在 20 世纪 80 年代末期，公司计算机业务开始在业务标准化和员工发展方面施加影响。正是这样的措施，才使得惠普艰难地迈过计算机业务变革阶段，打通了集中销售、营销和研发的战略与执行。在 21 世纪的头 10 年我们再看来惠普的员工任职资格时，已经能比较好地实施了。

从这个章节我们可以看到，一个公司在某一项业务领域中的艰难选择，应该说这个阶段在惠普经历了至少 25 年才勉强及格，随着收购带来的市场地位才彻底达到业务变革的应有阶段。同时这也证明，组织的演进是配合业务战略的必经之路，是衔接外部环境—业务战略—组织与人力资源建设的有效工具。比较可惜的是，惠普这个演变太慢了，更无法演变为惠普业务变革的模式。从组织成熟度的视角看，这也使它直接错过了其他增长机会。

9.4 打印机业务的巨大成功

（1）扎根社会传统。与惠普文化面临计算机新业务，需要高度协同的场景不同。惠普文化天生就适合打印机业务的开展。惠普借助于这个文化优势，很快就变成了商业优势。

（2）适应基础设施。惠普自20世纪50年代以来就一直在打印机业务上努力，因为打印机能够制作数字和简单的图形，可以插入HP 524测量设备中。1958年，公司收购了x-y绘图仪制造商莫斯利（Moseley）之后更全面地进入了打印机市场。但是激光打印机和喷墨打印机（Inkjet）能取得现象级成功的最重要前提是惠普2680（Epoc）打印机，它于1980年推出。该打印机只能链接到HP 3000，可以打印清晰的文字和图形，该打印机和冰箱大小差不多，每台12.5万美元。即便如此，与施乐和IBM比较，它是更便宜的一方。这样的行业经验，就是HP在打印机成为主要业务之前的社会能提供的基础设施。

（3）洞察客户需求。各行业的客户都知道，要想在桌面上放置一个声音小、高品质的打印机，有两个选择：一个来自惠普，另一个来日本复印机公司佳能。因此惠普对客户需求非常清楚，且一开始就很好地满足了客户需求。

（4）面对员工抱怨。员工从测试测量业务到打印机行业很适应，没有什么对业务本身的抱怨。抱怨来自打印机贡献了公司绝大部分的利润，有时候甚至是100%，但公司的利润都用在计算机行业的扩张上。同时，激光打印机和喷墨打印机商业模式不同，即使激光打印机应对的是更高端的市场，但在内部还是受到了挑战。在20世纪80年代后期的一次董事会会议上，打印机业务负责人迪克·哈克本在向董事会介绍打印机业务时，一位执行官表示"激光打印机不是真正的惠普业务"，因为"你的研发强度只有2%，惠普的业务一般是8%的研发强度"，所以"你永远也无法使自己脱颖而出"。此时惠普的两位创始人之一帕卡德也在场，他没有解释什么，只是说："你们这些在博伊西的员工（激光打印机部门）只管继续做你正在做的事情吧。"哈克本事后回忆说："核心问题是人们将惠普之道的企业文化与仪器模型联系在一起。他们并不理解惠普之道其实是由一些原则和实践做法构成的。在我读过的有关惠普的书中，我都没有看到有谁提到了这一点，但我认为这是一个根本问题，因为它扩展到越来越多的不同的业务。"几年后，哈克本与戴维·帕卡德、比尔·休利特谈话时提到了他的这个观点，得到了两位创始人的完全同意。

（5）激发创新力：1984年推出了第一台惠普激光打印机（HP LaserJet），佳能设计并制造了打印引擎，惠普设计了控制打印机的命令语言和电子产品，还提供了驱动程序，以便PC可以与打印机连接，并与第三方应用程序开发人员合作。哈克本很早就清楚了商业的趋势和模式，首先他将整个打印机的战略重心放在非击打式打印机上。其次激光打印机是一个高度杠杆化的商业模式，惠普不做工程或制造。这是一个毛利率很低的业务，必须保持低运营成本，才能实现良好的净利润。这个模式虽占据了打印机的高端市场，但一个非常关键的部分是它完全依赖和佳能的重大战略合作伙伴关系。最后，在惠普擅长的喷墨打印机领域，才是典型的惠普业务，因为这个高度垂直整合的业务，从打印头到打印机，都是惠普自己的技术，同时也是高毛利的业务，需要惠普式的工程和资本投资。作为打印机业务的领导人，迪克·哈克本很好地完成了增长挑战。首先是基于惠普的能力完成了和佳能的合作，这样满足了公司在激光打印机上的研发—制造—销售能力，完成这条业务线的变革；其次，喷墨打印机业务也需要高度协调，特别是喷墨技术中心和制造中心必须与使用其设备的打印机部门紧密合作，但哈本克的团队很好地完成了这个挑战。

（6）理顺一致性。在这方面除了惠普之道的基底、哈克本领导力带来的凝聚力之外，未发现特别的内容。

（7）应对市场竞争。惠普在高端和中低端打印机市场处于非常领先的地位，这在惠普看来应该是理所当然的，因为这是惠普之道的适当发展，且这个适当发展成为惠普公司利润的主要来源。从这一点来说，惠普和业界对惠普打印机业务长期以来的表现应该说是满意的。

（8）面对社会变化。从长期竞争的角度来讲，打印机业务无法单独地影响公司的战略，公司还是要在计算机业务上有重大投资，这占用了测试测量和打印机业务的利润。

从打印机业务的成功来看，我们可以认为这是惠普在测试测量设备建立"研发—制造—营销"体系后，利用能力适应变化的一个成功案例。打印机业务团队很好地利用了公司已有的能力来适应新的商业机会，且通过商业合作完成了创新，应该说这个业务是社会、商业环境发展给惠普带来的机会，是他们维护惠普之道的一次奖励。

打印机的顺利成功和计算机长期努力取得的成效完全不同，但笔者认为迪克·哈本克洞察了事情的一切：核心问题是人们将惠普之道的企业文化与仪器模型联系在一起。他们并不理解惠普之道其实是由一些原则和实践做法构成的。也就是说，惠普之道的总体描述不变，当遇到具体的业务、商业模式时，它的经营之道原则和具体实践是可以变化的。正是这种变化，会在技术、市场都不一致时，创建文化一致的企业，文化的和而不同有可能成为高成熟企业集团的可选之路，但正如惠普的历史向我们展现的那样，这条道路的危险性并不低。

9.5 反思惠普的演进

在约翰·杨任CEO时期，惠普就遇到了"组织复杂性"的挑战，以至于他不得不重组公司，将公司分为三个部分：测试和测量部门（TMO），主营所有非计算机业务和相关的销售组织；计算机产品部门（CPO），主营个人计算机、打印机以及通过经销商销售的其他产品及相关销售部门；计算机系统部门（CSO），包含工作站、服务器、存储、相关软件、服务和直销组织这些将产品销售给企业的业务。这是惠普的第一步措施，也是一个正确的道路。1999年，时任惠普总裁卡莉·菲奥莉娜（Carly Fiorina）操盘将惠普测试与测量业务进行拆分，安捷伦公司应运而生。2014年10月5日，CEO梅格·惠特曼宣布惠普分拆为惠普公司（HP Inc）和惠普企业（HP Enterprise），前者专注于个人电脑和打印机业务，后者专注于服务器、数据存储设备、软件和服务业务。这个转变，将有利于惠普在这两个不同的领域构建新时期的惠普之道。

惠普CEO李艾科曾说："自20世纪90年代中期以来，惠普基本上已经错过了每一个主要的IT浪潮，惠普不是第一次网络革命的一部分。它错过了转移到Web2.0的机会，惠普也不属于云计算最早的一批。"反思这个结果，由众多因素推动。从领导力来讲，两位创始人与其继任者约翰·杨都证明了他们自上而下战略领导力技能，但他们没有使资源分配制度化，也没有使公司基础设施制度化，以保证一种企业集团（例如通用电气）的运作方式。卢·普拉特甚至故意放弃了公司战略的制定，他曾向罗伯特·伯格曼表示，作为 CEO，他感到他的职责是主持公司的价值观和目标，把战略决策留给业务领导。卡莉·菲奥莉娜和马克·赫德虽然都通过并购增加了企业规模，后者还提升了盈利能力，但对于有效的增长，两者都乏善可陈。

除了领导者在"战略—执行"上的不足，惠普之道从一开始与测试测量业务的绑定加之外部压力，使企业喘不过气来。例如马克·赫德任 CEO 时期，惠普收购了电子数据系统（Electronic Data Systems，EDS）公司，收购发生后的前 18 个月，EDS 实现了盈利，但赫德决定进一步降低成本，致使太多人离开了 EDS。惠普无法听取被收购方关于被收购的意见，不了解服务业客户合同的特点，也无法就其业务运营模式给出具体、有效的意见。惠普在约翰·杨领导时期，随着打印机业务的蓬勃发展，网络将成为潜在独特新业务这一点已经被识别出来，可惜的是惠普在很长一段时间内没有认识到其重要性，2001 年前后曾想将惠普网络卖出去，如果不是价格过低（年收入 3 亿美元，毛利率 40%，估值只给到 5000 万美元）就出售了。一直到赫德掌舵，网络业务才得到一定的重视，兼并了竞争对手 3com，从而加强了惠普在通信业务上的能力，但显然惠普在这方面行动过于迟缓，未能从网络业务的大发展中获得更大的增长。

在菲奥莉娜和赫德的任期内，惠普试图从以产品为基础的战略（该战略专注于销售个人电脑、服务器和笔记本电脑），转变为以服务为基础的战略，基于该战略惠普能够投身数据中心和云计算生态系统中。一位内部人士说："董事会支持这一战略，惠普的主要管理人员也支持这个战略，但问题是惠普能跑多快，它是否能够进行足够的研发，这与过去所投入的净利是不同的。"

这位内部人士的看法是对的。惠普从来不缺少对外界的认知和机会，也不缺乏内部的人才，他们缺乏的是进入计算机业务后公司没有掌控组织复杂度的能力，因而出现了"外部环境—业务战略—组织"与人力资源建设不匹配的情况。

9.6 对组织利用组织成熟度的启示

在前面的章节中，我们认为可以一级一级地去升级组织成熟度。通过惠普的例子，我相信大家改变了想法。一方面组织成熟度建设与外部环境变化、组织的业务选择紧密相关；另外一方面快速地建设组织成熟度，也是组织在选择新业务时所必须重新评估—选择—建设的。应该允许新业务在原有的文化背景下，形成新的商业模式和运营原则，进而有明确的实践。

在组织中，专业主义和业务变革是在新业务或者原有业务的运营需要更新时经常交替使用的。基于这个认知，笔者把组织成熟度阶梯放在现实中予以重新表达，如图 9-3 所示。

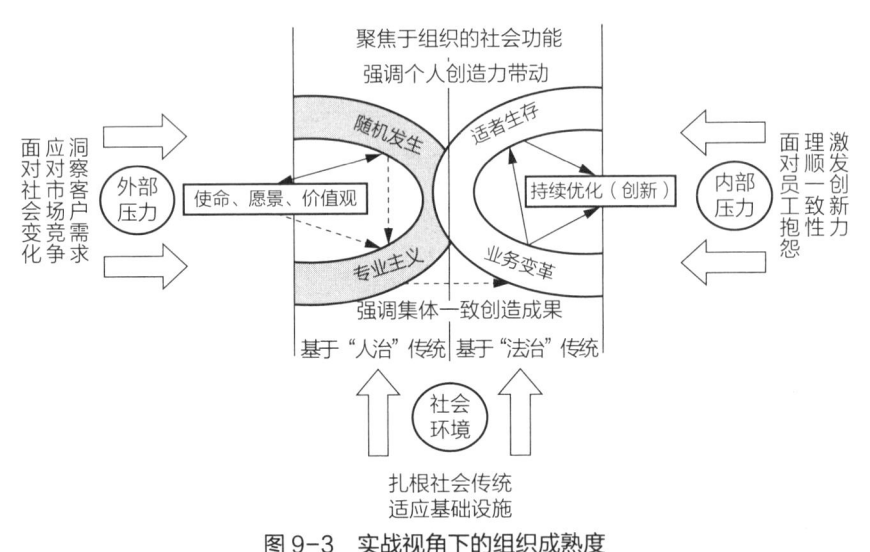

图 9-3　实战视角下的组织成熟度

资料来源：笔者绘制。

第9章 组织的演进：惠普77年

随机发生的组织也有其使命、愿景和价值观（虽然未必是聚焦于组织的社会功能，也可能是私人用处）；但要做到专业主义的阶段，需要使命愿景和价值观具备吸引力，需要组织领袖"为政以德"，才能实现专业人士的跟随，惠普创始人在这方面做出了很好的典范。但就像我们看到的那样，这两个等级都是基于"人治传统"的，不同的是，随机发生时，向领袖要生存；专业主义阶段，是向所有人才要绩效，算是一个集体产出。就像之前讲的一样，这两个阶段的转变不是一定会产生的，需要组织领袖的觉察和不懈的努力。

业务变革是一种更大程度上、更有效的组织协同方式。基于外部需求来塑造组织能力，一旦达到业务变革状态，是必然会指向下两个阶段的。惠普打印机的发展就告诉我们在具备组织能力后，如何利用能力适应变化，通过连续的、有计划的创新来长期占据市场领导地位。如果想持续取得市场领导地位，业务变革是不可回避的组织演进路线。而这三个阶段，都基于"法治传统"，虽然从专业主义进化到业务变革阶段有一定难度，但一旦完成业务变革，则适者生存的组织能力和创新就相对容易了。这里需要强调两点：一是随着数字化的发展，有很多组织在一开始就通过数字化手段，使业务流程达到了业务变革的状态，它们反而要补的是组织的不足，那这个时候就要将组织和人力资源的建设与业务状态相匹配；二是专业主义到业务变革也不是一蹴而就的，一旦组织达到这样的状态，一定要总结组织变革的经验，使之成为后续变革的一种模式，这是组织基业长青所必需的能力。

惠普的例子使笔者受益匪浅，读者也可以根据自己掌握的资料来剖析任何您所了解的组织，其中的变化非常多，西方的逻辑思维已经很难表达。如果按照中国文化传统，将组织成熟度演进过程和环境进行现代化表达，可见图9-4。

组织的演进→

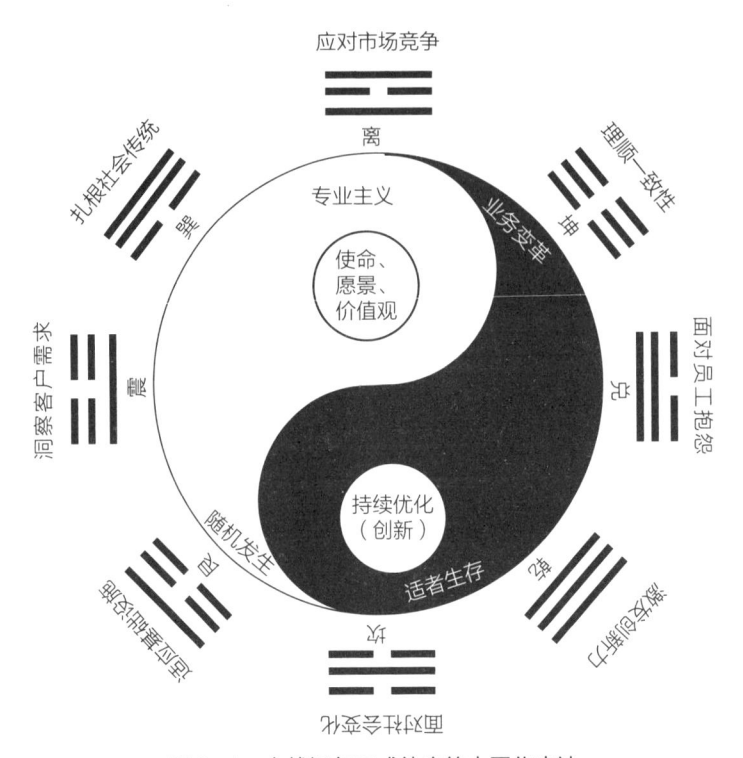

图 9-4 实战视角下成熟度的中国化表达

资料来源：笔者绘制。

该图受金景芳先生用马列主义研究《周易》的影响，他认为对应的"两卦所代表的事物性质是根本对立的，但同时也是统一的，不可分割的，他们是一个整体"。这为我们看待八个维度提供了新视角。同时，成熟度阶梯可以在太极图中找到很好的表达结构，故而形成了组织成熟度不用阶梯，而用太极图来表示，八个维度用八卦来表示的重构。

太极图的左侧表示组织从细微处随机发生，随着壮大进入专业主义，但隐藏的是使命、愿景和价值观；右侧的业务变革也是从细微处发起，进而演变成适者生存的状态，但都是为了创新以创造客户这个明确目的。

八卦中，离卦的原意可以理解为太阳，在最上面。我们这里用它代表应对市场竞争,就是说市场竞争是每天看到的事情,是每天可见且必须应对的;坎卦的原意可以理解为月亮,这里它代表面对社会变化,表示社会变化往往是隐藏起来的,不可随时见到的。太阳和月亮代表了在时间推进中的社会,社会包含着组织。右下三条横线是乾卦,它的原意可以理解为天,中国人说"天行健,君子以自强不息",在这里它代表激发创造力;右上三条断线是坤卦,它的原意可以理解为大地,中国人说"地势坤,君子以厚德载物",在这里它代表理顺一致性。左上是巽卦,巽的原意可以理解为风,它就像社会传统一样,我们有时候感受不到它,就已经深深被它影响;左下是艮卦,艮的原意可以理解为山,它就像社会的基础设施,是组织必须面对的大环境。最左侧是震卦,震的原意可以理解为雷和闪电,我们洞察客户需求,就像需要雷和闪电照亮黑暗的现实一样,才能看清客户的需求;最右侧是兑卦,兑的原意可以理解为沼泽,面对员工抱怨时,虽然有一些惊喜,但更多像陷入沼泽一样,深一脚、浅一脚地不知何时到头。

在这八个卦象中,乾坤两卦是父母,就是我们要在组织这个环境中,激发创造力,理顺一致性,因此这两卦是第一个层级。一旦产生组织就会有这两个要求。同时,它们有三个是外向性的二级因素,分别是洞察客户需求、面对社会变化、适应基础设施;有三个内向性的二级因素,分别是扎根社会传统、应对市场竞争和面对员工抱怨。这八个卦象相互组合,能满足不同的场景。本部分到此结束,让读者了解中国式表达的基本内容即可;如果要展开,需要补充的内容太多,与本书的主题就偏离了,故不再赘述。

第三部分
人和组织的未来

> 有两件事我最憎恶：没有信仰的博才多学和充满信仰的愚昧无知。
>
> ——爱默生

通过前两个部分的阐述，我们知道组织是可以进化的。本部分要阐述清楚，这些进化在组织中除了人力资源实践，还应该在哪些方面增强组织能力，以对外行使功能，对内有效协调。只有这样，组织才能有效地聚焦，故而本部分是从组织发展视角阐述。

同时我们要认识到，人和组织是密切相关的，进化中的组织一定是要进行人力资本投资的。那这些投资以什么方式沉淀在组织中呢？以流程的形式存在着，以制度和履职行为的方式存在着，以人员士气的方式存在着。正是这样的存在，使组织得以实现自己的政治、社会、经济功能。而如何有效地积累人力资本，共创未来，是组织应该在进化每一步必须回答的问题。

第10章
组织的发展与人力资本

前两部分讲了理论和实践，讲了人力资源管理和流程，本章从组织发展和人力资本的角度来阐述，共有两方面的内容。首先讲组织发展的目标应该聚焦于增加组织的创新力与一致性。无论是创新力还是一致性建设，都会落在流程、组织环境与工具建设上。其次讲员工关系是组织发展建设的一面镜子，照出了组织在创新力、一致性方面的不足，而重视员工关系，不断重塑创造力和一致性，是聚集最广泛力量，激发生产力，理顺生产关系的关键所在。

10.1 组织的创新力

当我们讲组织得到发展的时候，指的是什么呢？主要有两个方面：其一指的是组织创新力，是从外向内来看的；其二是指一致性，是协调不同的人在组织中的行为和不同贡献的。下面，我们先说组织创新力，再说一致性。当讲一个组织创新力的时候，往往是指以下三项能力。当这三项组织能力进步时，就可以说，这个组织得到了发展。

组织能力的第一项是战略（或者说目标）达成能力，也就是我们经常说的战略制定与执行能力，对应APQC流程分类，属于制定愿景和战略中的一部分。只要一个组织能够定期去设计并达成自己的目标，一个服务客户后达到的目标，我们就倾向于认为，这个组织当前是存续的，是有社会意义的。因此我们把战略实现能力看作是第一位的。这是一个什么样的能力？主要是确定战略或目标后，匹配组织、人员、资源、流程、工具去达成目标的过程，它包括对战略（目标）进行分析（解码），确定关键事项，围绕关键事项去配置资源。由于这个过程中的动态调整，使执行过程成为一串连续、连贯的活动，通过这些活动，达成战略执行闭环，沉淀组织经验。在这个过程中，组织发展这项职能往往能够做的是帮助分析关键事项，进行组织框架设计、岗位体系设计，与业务部门一起进行业务流程的设计，同时对关键岗位，包括关键事项，与客户紧密接触岗位的分析并形成对应的全面的人力资源解决方案。建立对应的绩效和复盘机制也是一个很有效的做法。这个能力建成的标志是战略方向明确可描述，绩效目标可以从战略中清晰地继承下来，基于执行过程中的问题能够用定期沟通的方式去面对，且可以针对这个闭环做持续的改进。这个状态看似很简单，但却是很多创业组织甚至大组织都无法做到的，一旦无法做到，组织就是在无序中碰运气，组织效率低，组织的成功率更低。正是因为要避免这种无序的状况，才要求组织能取得发展，很多组织才关注在无序中去建设战略—绩效—沟通体系。这是所有组织建设和发展必须迈过的第一道坎。从流程上看，这道坎至少要基于此领域等级 2 的成熟度开展，并逐渐演进到等级 3，才能基本完成组织的此项"协调功能"。

组织能力的第二项一般是指组织的创新与营销能力，对应 APQC 流程分类，开发和管理产品与服务、营销销售产品和服务、交付产品和服务、管理客户服务应该都在其范围之内。如果战略能力聚焦的是一段时间，能够满足当下组织的存活，那么长远去看，组织的创新与营销能力

组织的演进

才是一个组织存在的原因，这两项能力是为了组织去创造顾客而存在的。先来说创新，很多人会把它看作是技术创新，特别是与组织自身提供的产品相关的创新，其实创新的范围远超过技术本身。举例来说，你的组织采取线上支付就是一个创新，因为客户可以更加便捷地支付，一些原来没有现金或者原来资金不够的潜在客户可以转化过来。"海底捞"对待等待就餐客户服务的方式也是创新，这种方式让顾客愿意在"海底捞"的等待区等候，使得组织的客单量增加。上升一个层面来看，凡是和组织创造价值、传递价值甚至用户使用过程中的价值体验以及组织价值分配过程中所有提升效率、增强体验的活动都可以叫作创新。换一个视角，它其实也是基于业务流程的知识管理和创新，它更关注行为，并转化为流程执行能力。营销是指构建与分销商、零售商乃至消费者一体化关系，是价值传递的必经之路。这两个方面和组织运营模式、组织能力息息相关，组织走过艰难的生存期后，就必须在自己如何满足客户需求、如何向客户传递价值方面深耕，这个深耕可以是借鉴先进的技术发明，甚至为此延伸到基础学科的进步；但更常见的是组织基于核心流程进行的持续改进，这些都可以归纳到知识管理和创新的范畴中来。在创新和营销方面，对于创业期的组织而言，如何打通营销这个通路是创业战略成功的必赢之战。也就是说，要率先找到符合组织的模式，需要考虑产品、行业、区域、线上、线下协同等多个方面；对于成熟期的组织来讲，如何更好地影响分销商、零售商乃至消费者，如何让行为和机制更有利于影响更深、更广是一个持续的问题。

组织能力的第三项是变革，对应 APQC 流程分类，应该属于开发和管理业务能力的一部分。前面两项能力分别讲了如何活下去以及如何活得更好，但再好的组织也有面临客户需求有重大变革的时候。社会需求的变革往往意味着对组织内知识和行为模式的迭代，迭代对组织的灵活性要求较高，但一般组织是原有的组织行为和知识技能使用的惯性更高，故一般情况下变革是组织要渡的劫。其中又分几种情况：第一种情况，一些变革往往在组织内部以重点项目的形式来开展，例如成功实施 IPD 流程，需要动用组织内最优秀的项目经理，需要高层领导重点投入。第二种情况是要扩展组织的业务范围，往往是在产品和服务上的增加或是在更多的市场上增加渠道和销售。此类情况除了要关注多元化经营需要满足的市场或技术至少有一项统一之外，还要关注组织原有的机制和新业务、新市场不匹配之处，因为必须为新业务配备全新的机制才能支持它的成功。第三种情况是一个组织运行到了举步维艰的时刻，需要重新识别市场需求、重新组织内部能力，重新塑造组织品牌的内涵，例如郭士纳之于 IBM，乔布斯重回苹果。这类变革最难，最考验企业家对组织改变方向的驾驭，是组织改革中最为复杂的部分。渡劫成功，组织就重生了；否则就会像诺基亚一样，散为更小的其他社会单元继续向社会贡献了。

这三项能力讲了三个层次，分别是能够跑通商业模式、能够有更高效的商业模式、价值贡献以及能够灵活地根据社会变化来驾驭变革，这样组织才能延续其经营之道。这三项能力都是开创性的能力，但难度依次增加，具备这样能力的组织，能保证持续向社会贡献价值，在实现其社会功能的同时获得比较好的回报。围绕这三项能力去建立组织的目标—流程—团队—人才体系，是组织的进化、生存之道。

10.2 组织的一致性

说完组织创新力，再来说组织发展的一致性。也主要表现在三个方面，分别是文化、决策方式和人的发展。如果这三个方面的一致性增强了，我们也往往说，这个组织得到了发展。

当我们讲文化时，首先是对愿景和使命的认可，愿景和使命是我们吸引不同人群加入的根本原因。一个组织能够发挥多大的社会功能，往往决定了它能吸引什么样的人才，在使命和愿景之下，才是组织对待客户、员工、股东、事件、矛盾、工作的基本原则。在讲到文化时，有四点需要关注：第一，组织的文化往往是社会大文化的一个子类，它一定是组织的创始人和核心决策层对社会中文化的继承和发展；第二，文化是处理矛盾时的基本原则，没有矛盾就没有文化；第三，文化是所有与组织接触的人对行为的感知；第四，每个组织面临的往往不是没有文化，而是文化原则不清晰以及浓度不够。当客户和员工对组织文化的认知趋同，一致性增强，那文化就会成为一股强大的力量，成为组织"协调"这个基本行为的强大助力。文化的功能性在很多情况下表现为价值观。价值观这个事情大家有时候感觉很虚无，其实它的落地主要表现在三个方面，可以不断地细化和改进：第一个方面是高层核心团队的身体力行，例如他们出差是坐商务舱还是经济舱，他们会不会利用自己的地位和影响要求使用贵宾休息室，他们住的酒店是不是一定要五星级，一定要套房，这些都是员工关注的点；再如他们是不是对外关注客户的需求，对内关注员工的招募、发展活动，他们花多大的精力去从事这些工作，这些都是员工切实能感受到的。组织内部人和人之间是否平等，员工是否愿意追随一个领导或领导集体，这些行为都是至关重要的。因此我们讲高层领导要德才兼备，特别是核心决策层的领导要德才兼备，才能使一个组织充满正能量。第二个方面是说组织的基本制度（也可以看作是某些专业领域的基本原则），例如我们是如何设置绩效奖金，如何处理加班，如何面对客户的需求第一时间响应的，这些都涉及制度层面的安排，是组织在处理矛盾时的基本准则，员工、客户都能够感受到。第三个层面是行为层面，包括正确的行为和不正确的行为，这在组织中是比较常见的。对待客户需求，什么是对的，什么是不正确的行为，是组织都乐于萃取出来的，这是在实际工作中总结和不断提炼的。小的组织有一个清单去不断核查、改进就好，大的组织怕是要做一些细分才能更好地指导各个部门在不同的、重要的业务节点上有正确的行为。组织文化对组织是一个方向牵引，这个牵引增加了组织内部认知的一致性。但要关注的是，不要去刻意地追求文字的优美和逻辑的缜密性，反而要关注表里如一，只有这样，文化才会成为组织的牵引力量，才能增强其一致性，才能做到《论语》为政篇中讲的，子曰：为政以德，譬如北辰，居其所，而众星拱之。

组织一致性增强的第二个能力容易被忽视，它就是组织的决策方式，或许应该说是组织的决策和执行能力匹配度更高。西蒙和马奇说，"组织是偏好、信息、利益或知识相异的个体或群体之间协调行动的系统"，那这个协调工作在组织的日常中就表现为决策。很多人把决策看成是伟大领导所必须具备的能力，如果我们观察组织中的过程，其实它是一个凝聚组织共识并行动的过程。组织的共识凝聚越高，决策与后续执行的能力就越强。行动学习中讲到高效的决策（ED）＝正确的决策（RD）×对决策的承诺（CD），如果你在从偏好、信息、利益和知识相异出发，就知道决策本身的难度了。这其实也是组织社会层面的难点。通常来说我们要让决策对应行动的执行人明白决策的真实含义，从理论基础上来讲，取得执行人对决策的承诺至关重要，它是决策能够被有效执行的基础。我们观察企业界的案例，无论是杰克·韦尔奇在 GE 推行的 Workout，还是宁高宁在华润、中粮、中化推行的行动学习，其目的都是群策群力，协调人的认知和行动，达到在当前节点上正确决策需要的足够多承诺。在这个过程中，其实组织发展这个职能能做的并不多，作为一个工具、方法论的推行者或许更为合适，但自上而下的效仿作用比推行方法论更有效。从更深一个层次来说，决策是必须以信息为重要基础的，但信息掌握在不同专业人的认知和判断上，我们第一要让信息，特别是一些隐性的信息和前提假设显性化，在有足够多信息的基础上去定义问题和行动，让大家在平等、共创的过程中看清决策事项的全貌，进而了解其意义，增加执行人的意义感和其他相关人的支持，并关注决策中的不同意见。这个理解对于"聪明人"尤其难以接受，对于他们来说众人的主意不够聪明，但笔者想强调的是：群体智慧是决定组织决策和行动质量的必要条件；另外，能接受多少意见，接受哪些意见，是一个领导者修为的重要体现。

组织一致性的第三个表现是人的发展。从专业的视角看，是职业发展设计，是任职资格体系。从组织发展的角度看，它既是对于员工发展的承诺，是一种事先的告知，是一种事先的协调机制；对于社会和组织来说，也是提升人力资源质量的有效方法。它是人在组织中取得绩效后，组织对个体回报的一个事先承诺，是对员工在专业路线发展上的持续承诺。一个组织往往很难有充足的资源去满足所有人的发展，因此一般组织关注的是管理者的发展，就是各类组织中带团队的人，他们对组织的影响重大，对组织的前途、效率、员工的成就感背负责任。也正是因为如此，很多卓有成效的组织，都把管理者的认知和行为转变当作是一个组织能够健康发展的起点。这固然很重要，但还有两类人也要纳入重点发展的范围，就是和组织的创新、营销相关的岗位人员。这些人的工作被分析，流程被设计，训练被标准化并持续吸纳他们自己的智慧成为组织中人员发展和组织能力发展紧密结合的创新点。一旦管理者、创新和营销的核心人员被培养起来，这些人员就会得到很好的任命和安排，附加效果就是组织的能力增强了。

这一部分主要讲一致性。和第一部分创新力的逐渐增强不同，这一部分主要从构建组织环境的角度来看，如何减少协调中的不一致性，增强组织在实现愿景、目标中的一致性。使命、愿景和价值观关注的是方向、制度和行为的一致性；决策方式关注的是在方向、制度、行为一致的情况下，就具体事项达成一致并高效执行，实现意愿和行为的一致性。员工发展主要是关注员工的核心诉求，增强其在组织内部贡献的动机，同时给予合理的回报，实现贡献和回报的一致性，在微观上做好分配。

组织本身的发展不是唯一目的，组织在实现其本身目的，创造客户方面的进步才是社会想要的；而对于在组织内的人，他们自己的发展和利益保障才是被重点关注的。

在增强创造力方面，我们主要和 APQC 的运营流程相匹配；但一致性并非和管理与支持流程相匹配，笔者认为管理与支持流程（附表1：6.0~11.0）都是专业领域，可以和运营流程一样按照成熟度的架构去实现成熟度进化，而一致性是所有专业领域进化所需要的条件，属于组织环境。由于这个组织环境很重要，是激发人的起点，因此下一节我们专门阐述员工关系，来看看这个起点，这面镜子。

10.3 员工关系

上面两个部分讲到了创新力和一致性，讲到员工关系是创造力和一致性的镜子。那它是如何照出我们创新力和一致性的呢？我们先从两个案例中进行学习。

10.3.1 从中电科事件说起

2023年受关注较多的员工关系事件当属中电科事件，其始末简要描

组织的演进→

述如下。

4月份，在网络上流传出一段疑似中电科内部群的聊天记录。聊天内容大意为管理层让员工强制加班，员工因不满最近长时间加班而在微信群内与上级开展激烈的交锋，进而引起大面积员工辞职的"事件"。虽经德阳市公安局经开区分局调查，此乃陈某龙的虚假编造，却在互联网上引起了广泛的共鸣与讨论。

中电科事件之后，有些"网络大V"出来说，要落实劳动法之类的话。本节谈谈笔者的观察，从小处看，这是员工关系，从大处看，这是生产关系，不得不慎重对待。

首先还是从中电科这个事件说起，之所以它能引起人们的共情和围观，是因为这是一个相对普遍的现象，而不是个例。中电科虽然冤枉，但这和品牌建设有一定的关系，就是受众从认知上更相信个体叙事而非组织品牌，这是一个值得所有组织反思的问题。就事论事而言，无非有两点可以吐槽：加班无序令人厌烦，管理者在处理此类事件时的领导力不足。我们先就这两个点来说说。

加班在历史上造成矛盾的例子特别多！我们先看几个相关研究：一个软件行业可信的观察研究是这样的：员工刚开始一周工作60小时，前几周时间总是能比以前完成更多工作（这是一个诱因或应急时不得不采取的方式）；但从第5周开始，员工们完成的工作，会比他们每周工作40小时的时候少得多（来自群体的疲惫与反抗，但往往都被忽视了）。第二项研究以医院胸外科诊室为对象，调查的是随着每位医护人员接待患者数量的增多而产生的现象。短期来看，单人接待更多患者会实现生产力的提高，医生也能以更快的速度治疗患者。但这样做的代价是：在忙着处理病人的时候，医生会疏忽大意，导致患者的死亡率上升。除了这个严重的后果之外，医院管理每一位患者所用的时间也都有所延长。

第三是一项以建筑项目为研究对象的结果显示：每周工作时间在 60 个小时以上，持续超过两个月时，员工由此累计形成的生产力会下降，导致完工日期的拖延。很多人认为这些研究都不靠谱，那就说一个历史上真刀真枪面对这个事情的人，福特公司的老福特，他在 100 年前就认识到了工作时长和带宽之间的关系，现在每周 40 个小时工作时间的规定，这位老先生算是开山鼻祖（和等级 1 对他的批判不同，此处对其持赞扬态度）。虽然资料没有那么全，可信的说法是这位老先生进行了为期 12 年之久的实验，将每周的工作时间从 6 天减少到 5 天，每天的时间从 10 个小时降低到 8 个小时。与此同时，老福特还把工人的工资提升了 5 倍。这在今天看来是不可思议的事情，实际情况也是增加了总产出，减少了组织的生产成本，福特需要维护的人力资源的规模降低到了原来的 1/6。后来有人评价说，正是福特的这个变革，使工人购买得起轿车，托起了美国汽车工业的大发展。老福特虽然在管理史上被彼得·德鲁克批判得很厉害，是管理实践中的反面典型，但笔者认为老福特这个资本家有他自己的智慧：既考虑到了组织利润，也包含了部分人文主义关怀。

上面谈的都是书上的例子，而且是外国人的，我们再举一个发生在首都北京的例子。首钢的老领导周冠五先生，他对工作要求极为严格，对工人的激励也非常到位。首钢原来在国家大政策（每年净利润递增 7.2%，剩余利润归组织分配）下，利润分配的规则是 6∶2∶2，60% 投入再生产，20% 用于员工涨薪，20% 用于员工福利。大家说 20% 涨薪的效果是什么，笔者举个访谈的例子。一位老师傅述说了他的涨薪经历：第一次从北京普遍 30 元左右的月薪涨到了 165 元，第二次月薪涨到了 543 元。这两次涨薪就隔了一年，更不用说周冠五用另外 20% 在石景山"炸山开路"，为员工修建了一个又一个住宅社区。你可以想象一下，在大家普遍 30 元月薪的情况下，你的员工是社会平均薪酬的小 20 倍，你的员工会是什么感受？绝对是被激发的主人翁精神和自豪感，这个时候别说没有加班，有加班大家也不会到社会上去抱怨。你看当前社会上先进的组织，他们是不是就是这样干的。在这种情况下，首钢亏损了吗？没有！反而创造了首钢辉煌的十几年，规模和利润节节高升。

我们接着来说另外一个词、领导力。在这里批评领导力，主要有以下三点：第一是领导的战略失败，在一个行业中抓不住新机会。作为组织领袖，没有创新就没有新的活路，就会一直存在于和员工关系的紧张状态下。第二要批评对员工的培养不足。当前社会上用心培养员工的组织并不多，甚至有的超大型组织都喊出"我们从来不培养人，我们只选择最聪明的人"，笔者不赞成这样的说法和做法。即使最聪明的人，也需要适应环境才能做出成绩，组织业务流程不培训员工，员工就要自己去创造，甚至去抄袭，每个员工的流程和作业程序都是"抄袭的"，哪里来的协同和高效呢？组织能力都是靠协同来创造的，组织没有要求员工把这些既定的流程做好去服务客户，只是要求员工去承担责任，没有矛盾才怪！第三我想说说如果有这样的领导，他们是如何被招聘和提拔的？难道不值得我们反思吗？（对领导力的批评直接对应等级2的不足，对员工培养的不足指向等级2和等级3。）

10.3.2　一次群体员工关系事件干预

本节说一个笔者亲自参与处理过的群体员工事件，它的代表性也很突出。

背景：X组织主要的业务是生产、销售R类产品。为了激励销售人员，销售总监、创始人、财务负责人在年初共同确定了分成激励政策，毛利额的一定百分比要分给销售团队作为现金激励（销售提成）。销售总

第10章 组织的发展与人力资本

监在政策制定之初激情澎湃地认为这个政策一定能成功，财务团队没提出什么反对意见，因此创始人同意了。

在实际执行过程中，毛利核算很复杂，因此经财务负责人建议，每月改核算为估算，这样才能正常发放现金激励。到了12月，创始人要求财务负责人不能再估算，必须把全年的账目核算清楚。于是12月份针对前11个月的核算投入了巨大的工作量，到发薪之日仍没有核算清楚。于是财务通知员工，11月的提成在12月暂停发放，等核算清楚之后再发放。由于"双十一"是销售旺季，员工认为提成会很多，怀疑公司故意不发，对此意见很大。

创始人对销售总监全年的业绩不满意，销售总监自己也能感受到，但他的表现是向其他人表示：自己一年为公司鞠躬尽瘁，导致身体也不太好（没有功劳也有苦劳嘛）。创始人借此机会让他休息3个月再说，相当于剥夺了他的实际权力。销售总监和团队聚餐后就开始休假了。

于是2个线上业务团队、1个线下业务团队、1个客服团队还有营销团队在公司企业微信群里对财务部人员群起而攻之，要求财务必须在某一天下班前发放提成，否则后果自负。对于财务来讲这个事情显然不可能完成。所有管理者在群里都劝诫无效，员工情绪非常激动。群体性的员工关系事件由此开始。

任务：笔者被创始人找到，和新的HR一起平息这次群体员工事件；如果可能，达到凝聚员工士气的结果。

于是笔者和HR一起采取了以下干预活动：

①要求HR把前11个月的提成发放数据给笔者，分析这几个团队有何区别。

②要求财务必须就核算给一个期限，然后根据业务贡献形成分配结果。

组织的演进→

③笔者首先找到营销团队和一个线上团队，因为这个线上团队还在培育期，并没有多少提成，这次事件他们纯属于被迫跟风，于是笔者和他们谈是不是可以正常开展工作。财务一旦确定数据，保证这个团队的负责人第一时间知晓并让她参与确定分配方案，这个团队爽快地答应了。笔者与这个团队之前有过接触，所以采取了一个很大胆的做法，就是一对多谈判，同时和整个团队谈，这样他们也知道笔者是没有什么隐藏的，是正大光明的，但风险是很有可能无法控制。在和营销团队谈的时候，笔者就找了负责人，说明思路之后，她认为没有问题，她可以去做团队的工作。这两个团队安抚之后，笔者又去找线下团队如法炮制，也得到了承诺。在这个步骤中，笔者也得到了新的信息，销售总监在休假之前和他们聚餐的过程中透露了两个信息：一个信息是公司可能遇到了困难，至于什么困难他也不说，这一点让员工很紧张；另外一个信息是他准备单干，问几个骨干要不要跟着他。

④上述团队安抚之后，笔者继续发力，找到了另外一个线上团队，原因是之前和这个负责人打过照面，算有一面之缘。但不可预料的事情发生了，这个线上业务团队的负责人带着下属和客服团队人员来找笔者。笔者的态度很坚决，本来就是帮助解决问题的，没有个人的利益夹杂其中，但涉及他们每个人的利益，希望先和业务领导了解情况之后再集中谈，希望大家能理解。员工的态度也很坚决，必须一块谈，现场拿出解决方案。于是这个谈判搁浅，笔者再去找之前谈过的人来做他们的工作，未果。

⑤当天下午，没有谈判成的5人集中到公司所在街道投诉，街道打电话过来，笔者和他们详细解释了过程，街道表示理解并支持公司的做法，但希望公司继续做他们工作。笔者原本想第二天再去做他们的工作，结果是当天没有谈判成的人员中有4人发邮件提出离职；邮件内容一模

一样，由于公司不能正常发放提成，被迫离职，会提出劳动仲裁支持自己的诉求。第二天又有 1 名员工发出相同的邮件。说句实话，即使笔者处理过不少员工关系事件，但这个结果有点激烈，超出了当时的判断。

⑥基于员工当天辞职的特殊情况，组织的第一件事是赶紧就无法运转的岗位找人顶替起来，还好公司其他的员工比较给力，把这条线上业务和客服业务迅速接起来，没有导致业务中断。

⑦ 3 天后，财务的核算结果出来了，与之前销售总监预估的数据差距较大。"双十一"的销售，公司的毛利是亏损的（营销活动搞大了！缺少基本的测算），也就是说如果按照之前的计算，不是公司应该发提成给员工，而是员工应该退提成给公司。财务负责人把这个数据汇报给了创始人，也把这个意见告诉了创始人，同时告知了笔者。

⑧笔者直接打电话给创始人，在三个意见上达成了一致：第一是造成这个局面的原因不是员工的错误，而是制度错误。这个制度是管理层制定的，在执行的过程中，员工只是被动接受，没有任何干扰制度执行的行为，是公司流程无法执行才导致的这次事件，因此造成提成多发，应该定性为管理层的管理责任。第二，对核算结果，和每个业务团队沟通，必须让大家知道这是一个真实的结果。第三，必须对员工"双十一"的付出予以表示，按照不低于 10 月份的提成发放。双方很快达成了一致。

⑨笔者迅速地告诉了大家结果，同时安排和财务沟通不同业务的情况。大家很快认可了数据，接受了"双十一"这个辛苦但低廉的提成。业务得以正常开展，员工认为在关键时刻，在公司制度出错误时，公司不会把员工当替罪羊。

⑩最后创始人提议，就这个制度制定和执行的错误进行内部通报，批评他自己、销售总监、财务负责人负有管理责任。H 城 Y 区接受了 5

名员工的仲裁案件，HR 认真梳理了组织留存的证据，最后仲裁支持组织根据原有的约定进行提成发放，员工的诉求不予支持。

从员工关系上，这个事件算是结束了，取得了一个相对公正的结果。但给组织的反省是：员工关系其实是机会，是组织生病了的结果，这些病可能并不会一下子要了组织的命，但员工已经是非常难受的时刻了，体现出了组织的"病症"。因此，我们总说在员工关系方面，员工"所感即为真"，这些感受要被认真地倾听，并反映到我们制度和流程的改进中。

在这件事之后，第一，X 公司更新了销售团队的提成制度，按照季度进行核算，和每个销售团队签订了目标责任书，按照净利润分成；第二，公司产品的价格体系是有问题的，之前烧投资人钱时，注重销量不注重利润的做法应该予以调整，公司可以对培育期产品进行支持，但不对所有产品进行支持；第三，更换了新的客服负责人和业务线负责人，公司业务进入相对有序的发展。

中电科事件谈到了加班时长和领导力，其实在员工关系中还有非常重要的一点就是分配关系。员工服务客户创造了利润，员工应该在利润中占有多少分配权？虽然土地和资金是生产要素，但劳动和知识也是生产要素，是生产要素就要有分享利润的权利，这是毋庸置疑的！2014年，华为提出员工的劳动所得与资本所得的比例为 3∶1，这个是华为根据经验得出来的，也有很多利益分配开展的组织，是我们应该鼓励和学习的。

10.3.3 数字经济时代员工关系处理原则

笔者往往把员工关系分为以下几类：员工对在组织分配关系中的地

位不满；员工对公司制度或者惯例执行的不满，以及对管理层行为，特别是对沟通的不满，这在上述两个案例的叙述中均有体现，我们分别予以说明。

第一，组织应该关注生产关系，激发生产关系，在此基础上一定要把分配关系说清楚。上述华为、首钢都是很好的案例。这两个例子中的组织在采取明确的分配方式时并没有上市，所采取的策略也不同，但其都明确了劳动者的权益，为的是公司更好地发展这个治理目的，都得到了劳动者更广泛的拥护。这里要提醒广大的上市公司，有必要明确员工在分配关系中的地位，否则公司每年分红都会伤害一次员工士气，这样下去，团队是很难激发出来积极性去提升生产力的，生产效率无法提升，分配关系就更不可能做好，组织领袖和 HR 一号位，对此都有不可推卸的责任。

第二，.在公司制度和惯例的管理中，要说清楚原则。例如加班，要根据适当的工作场景对工作时间进行设计，这方面的研究并不少，要敢于在内部去实验，在内部去使用这些原则。例如上述提到的软件开发人员的加班，连续加班 5 周其效率是会降低的，增加工作时间已经变得没有意义了，这个时候加班有什么作用呢？管理者要承担起领导责任，多想办法如何去高效地完成工作，在平时有效地训练员工，而不是在紧急时刻做甩手掌柜，把所有责任都向下推。

第三是与员工的沟通。自上而下沟通要透明，有事可以事先通过公开渠道征求意见，说明原因，不要事后员工意见沸腾了再去灭火，这个效果是最差的！更不要想着去欺骗员工。还有，内部要有通畅的渠道收集意见，要有集中的处理意见机制，特别是对于那些有一定规模的公司，员工关系的处理考验的都是组织能力，不是一个 HR 部门、一个员工关系岗位能解决的，公司可以设置人力资源委员会或者类似的机制来研究、决策、沟通这些员工关系问题。

通过上述内容，我相信大家都能认知到，员工关系不是和员工打交道，而是创建高效的生产关系，建立公平的分配关系、创造以结果为导向的人际关系的起点。正是从这个层面说，我们构建一个组织人力资源到人力资本改进的路线图是有意义的，没有高效的生产关系，员工的成长和收获都会变少，分配关系也难言公平，组织内的文化亦难以正向。

组织创造良好的员工关系还要考虑到社会这个大环境，这其中有政府治理的部分，也有这些年知识工作者迅猛扩展带来的挑战，知识作为生产材料进入价值创造的全过程，这是非常大的社会变化之趋势，值得慎重、认真地对待。江泽民同志讲"三个代表"，组织作为社会的基本单元，要有机制能承担起来这三个代表的责任。

10.4　小结

本章分三部分，阐述了组织的创新力、一致性。创新力对应业务流程方面建设，一致性属于组织环境搭建，都是围绕管理的概念和组织成熟度开展的改进工作，属于正向的建设。但管理激发的主体是人，因此员工关系、员工的状态是我们完成这些工作的前提，而在员工关系的反馈中能体现我们在创新力与一致性方面的不足。

对照组织成熟度能正向地设计组织进化的蓝图，倾听员工的声音能保障我们认清自身的不足，而聚焦于这些不足也是凝聚士气，激发员工改进流程、工具和文化的开始。员工关系永远是一面镜子，照出我们的不足，也是组织改进的源泉、社会进步的起点。数字化原住民越来越多地进入组织之中，将极大地推动组织的进化之路。

附 录
简说流程管理

本书从三个视角出发：组织、流程与人力资源。在过程中我们讲到了组织的概念，讲到了 22 个人力资源的专业领域，对流程一直没有提及，这是增加此附录的原因，让读者有更全面的视角来简要了解组织的主要流程；第二个原因，当我们采取业务变革行动时，往往要落实到一类流程上，本书是以 IPD 为示例的，但要让读者有更多的选择，流程的介绍是无论如何躲不过去的。

流程的定义繁多，我们随便就可以抽出几个来。ISO 9000：业务流程是一组将输入转化为输出的相互关联或相互作用的活动。迈克尔·哈默：业务流程是把一个或多个输入转化为对顾客有价值的输出活动。H.J. 约翰逊：业务流程是把输入转化为输出的一系列相关活动的结合，它增加输入的价值并创造出对接受者更为有效的输出。这些定义并不会给我们理解流程增加多少帮助！

流程这个词，来源于英文 process，也可以翻译为过程，算是个舶来品。当我们想到工作场景中的流程时，一般有两种场景（不考虑作为评审、核查的角色出现）：作为管控方，把自己的专业化流程向别人讲清楚或者予以指导；或者作为使用方，按照别人的流程来达成我们想要的结果。如果要求再解释一下，就会想到流程图。

大家完全可以理解流程的输出对我们来讲是有意义的,但说到流程是如何实现增值的,甚至如何在组织层面形成竞争力,则很难建立起有关于此的画面。有过一些经验的人,会想到流程管理的规则或者技术。

本节尝试从流程管理的角度来阐述,如何从组织整体的视角来管理好流程,进而形成组织竞争力,也作为 HR 视角的一个流程基础章节。

同时,笔者也对提出"流程"这个词保持谨慎的态度,因为对于数字化原住民来说,这个词似乎是一个"旧词语",在数字化原住民看来,数字化本身已经承担了很多责任,改改代码便能完成新的功能。另外,运营这个词的诱惑性应该是远大于流程的。即使认识到这样的现状,笔者仍然认为这是必要的,因为流程为我们提供了一个可以交流的架构,也集成了更广泛的人类智慧,是组织运营的基础,是可以研究、讨论和持续改进的基石。

1. 流程的分类和分级

如果要拿出一个让读者一眼就忘不了的组织流程分类,我首先想到了美国生产力与质量中心(American Productivity Quality Center,APQC)的"流程分类分级架构"(Process Classification Framework,PCF)。它最初是 1991 年基于 APQC 为业务流程的分类方法而提出的,目的是创建高水准、通用的公司模型,该模型鼓励组织从跨行业的视角来审视自己的活动。我们来看它的分类(见附表 1,2014 年版本)。

附录　简说流程管理

附表1　APQC流程分类表

运营流程	管理与支持流程
1.0　制定愿景和战略 2.0　开发和管理产品与服务 3.0　营销销售产品和服务 4.0　交付产品和服务 5.0　管理客户服务	6.0　开发和管理人力资本 7.0　管理信息技术 8.0　管理财务资源 9.0　获取、建设和管理资产 10.0　管理组织风险、合规、补救和修复 11.0　管理外部关系 12.0　开发和管理业务能力
以上存在时序先后关系	以上不存在时序先后关系

资料来源：王玉荣、葛新红《流程管理》第五版。

读者看这个表也没有啥感觉，为了方便记忆，笔者在 APQC 的图片基础上，重构了一个图（见附图1），这个图主要想说明：运营流程全部是围绕客户的，是组织作为一个实体在社会中展现的创新力——创造客户；管理与支持流程是组织与外部链接的，保持组织与社会环境和资源的协调性与一致性。

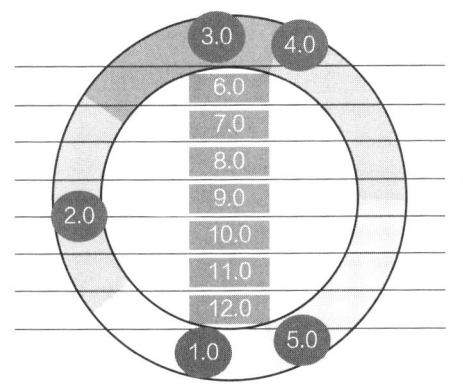

运营流程（有先后时序关系）
1.0 制定愿景和战略
2.0 开发和管理产品与服务
3.0 营销销售产品和服务
4.0 交付产品和服务
5.0 管理客户服务

管理与支持流程（非时序关系）
6.0 开发和管理人力资本
7.0 管理信息技术
8.0 管理财务资源
9.0 获取、建设和管理资产
10.0 管理企业风险、合规、补救和修复
11.0 管理外部关系
12.0 开发和管理业务能力

附图1　重构的 APQC 流程分类

资料来源：笔者绘制。

管理学实践应该注重矛盾的提炼，创新力和一致性是笔者的语言体

201

系，大家可以用自己的语言体系，只要方便理解就好。其实这里也不是矛盾，即不是对立的，而是对应的。也就是说，当运营流程开始运作的时候，对应地，管理与支持流程也必须开始了，但它们的关注点不同。

除了流程的12个大类，APQC还给出了流程分级，我们上面看到的只是它最基础的流程大类（category），属于第一级；第二级是流程组（process group）；第三级是流程（process）；第四级是活动（activity）；第五级是任务（task）（此处和前文叙述不一致，在中文场景下，我们往往认为任务大于活动）。2014年的版本给出了超过1000个流程和相应的活动。有了这个分类和分级的机构，读者就可以把自己组织内所有活动一眼看穿了，或者至少有一类的流程场景在你脑子中浮现了，这便是一个好的开始。如果根据你所在组织的场景把流程重新设计出来，我相信每个组织的CEO或流程负责人对组织的认知和掌控力就会上一个新台阶。

2. 流程管理要点

我们要流程不是用来看的，而是用来提升组织效率的，所以即使把所有流程设计出来，那又能怎么样呢？我的答案是还真不能怎么样！除了你的认知更清楚，却无法在组织层面产生价值。这可能也是所有组织的困惑，那我们应该如何管理呢？

这里只讲一个基本原则，叫"亮点在节（活动与任务），追求在章（流程组与流程大类）"。什么意思呢？要做出亮点，就要找到活动与任务的知识点；但要彰显系统威力，就要在一个流程组或流程大类形成组织的竞争力。之前的章节讲的业务变革，深一层来理解也是这个意思。如果这么说读者不明白，我们举几个例子来说明，先说"亮点在节"。

先举一个华商基业常用的例子，这个例子笔者听易虹老师和张雪瓴老师都讲过，为了准确，我还专门请教了一下张雪瓴老师。故事是这样的：有一家新锐蛋糕店，和其他蛋糕店一样，是这样和进门的顾客打招呼的："您好！请问有什么可以帮您的？"这个时候大部分的客户都会回答说"我随便看看"。于是这个现场销售人员和已经进门的潜在顾客的交流就这样结束了。后来这家蛋糕店请华商基业的老师去咨询，看从流程上来看是否有改进的空间。他们真的就发现了一个可以改进的话术点，销售员的第一句变为"请问您品尝过我家的蛋糕吗？"，如果客户说"是的！"，销售员会说"那您是我们的老客户了，我们今天针对老客户专门有一款活动，请您到这边来我给您介绍"，边介绍边让客户试吃；如果客户说"没有品尝过"，那么销售员则会说"欢迎您第一次光临我们的蛋糕店，我们今天有一款专门针对新客户的活动，请您到这边来我给您介绍"，后面也会安排试吃活动。这是一个常见的销售话术改变，这个改变把客户和销售从不愿意交流提升到愿意交流并转化为90%的试吃率，从消费心理学来讲，如果吃了人家的东西还不买，多少有点亏欠，加之这家店蛋糕的美味程度正是其所长，于是试吃率的提升进一步提高了转化率，使得客单量增加，销售业绩增长。这是在一个没有其他营销投入的情况下，在店面做的改进。

上述这个蛋糕店的例子，便是一个任务层面的亮点，能直接提升流程的产出效率，这么一说大家就明白了。前面也讲过篮球投篮的例子，也是找到任务层面的节点，在个人、岗位层面萃取就好，萃取了就可以推广。我在这里还有几个实际的例子，扩展一下帮助读者更好地理解。

启功在练字的过程中有一个窍门，就是每次练完之后贴到墙上，看哪个字好，如何写得好，下次如何坚持，有没有改进的地方？哪个字写得不好，为什么，哪里可以学习，再练习如何写好。这样慢慢地积少成多，几千个汉字肯定也不够他这样练习的，他靠这一点不仅在字体上

组织的演进→

精进迅速，对各类字帖的掌握和理解也能更上一层楼，这就叫"亮点在节"。它就是一个活动，一个关键的可以闭环的持续的活动。写字如此，凡是涉及练习的事情不都是如此吗？

笔者再举一个招聘中的例子，以前组建高端人才招聘（Talent Aquizition，TA）团队的时候，有一个大难题，就是很多高级人才的简历并不在网络上，而是存在于社交网络中，那如何运用个人社交网络找到更多专家呢？说实话，一下子没有什么好办法。于是笔者就访谈了几位在 TA 工作中的高绩效招聘专家，他们各有各的绝招，但有两个要点一下就在访谈中浮现出来：第一，在和专家沟通的过程中，首先要求自己的专业性被认知，这个非常重要，是招聘人员和专家人选建立信任的起点。一个 TA 人员开始讲述专业知识的时候，是会受人尊敬的；同时，在沟通前准备一些可能是共同熟人的资料，如果能碰上，正好大家都认识，那关系更进一步，如果没有也无所谓，展示了你在圈子中的人脉。如果是合适的人选，这个时候就可以进入流程了，如果不是，要持续加好友维持朋友圈关系。到这一步，大部分的 TA 人员都能做到。第二，有一个 TA 人员很棒，她会在持续的业务知识学习中，持续向已知的专家问问题，当然这些专业问题也是她在掌握过程中所必需的，请教了一个星期后她会无意地问一个问题，就是办公地址。当然这个问法很隐蔽，不让人觉得好像是在查户口，这个时候她就会邮寄一个小礼品过去，200元以内。等快递到了之后，她才会和这位专家说感谢您从认识以来对我的指导，我认为很有帮助，您真是我专业上的老师，为了表示感谢，向您表示一下我的心意，于是相互之间的信任关系就更进一步。她会顺势说，我那个岗位还没有找到合适的人选，如果从您的视角看，您认为有合适的人吗？这种情况下，这位专家大概率会推荐候选人，当然有时候电话也会给出来。逐渐这样做，这个 TA 专家就能进入一个新圈子，她的高阶人才招聘效率就更高了。在访谈中我发现这个过程有人说和人选喝咖啡、吃饭什么的，一是难以约时间，二是效果相对差，唯独赠小礼物这个方式，尤其值得鼓励，所以把这个方法定为首选，因为200元以下的礼物，一般组织都可以接受这样的"人情往来"，而不会认定是受贿。

以上例子都是在个人层面的活动或任务上，我们再讲一个流程活动的例子。在组织中，最难搞的是需求，需求管理在很多组织中都会变成玄学，看个人能力，因此需求的收集和还原都很难。

我们一共找到了四个要点。第一是如何描述一个需求，很多组织都是一句话，我们提了一个标准，除了客户基本信息和场景之外，还要求回答几个问题：①用户要解决的问题是什么？②问题影响了谁？③用户目前是如何解决的？④问题多长时间发生一次？⑤客户预期或验收标准是什么？⑥不解决的后果或解决后收益是什么？⑦客户或者你的建议方案是什么？这几个问题问清楚了，这个讲需求的人就基本搞清楚了，这是在接触客户最前端的人在描述需求时必须搞清楚的，必须成为组织的强行要求。第二是如何还原一个需求，就是一线描述完毕了，产品端如何能准确地理解和判断这个需求呢？又向产品经理提炼了三个关键点，分别是：问题发生频率（频度）、问题普遍性（广度）、痛苦链（强度。对痛苦链的哪一级有影响？影响有多大？）。这三个问题是影响需求能否纳入后续开发的关键。第三是需求评审，评审的核心是这个需求是否还原清楚了。这三个度是否准确，以及是否符合战略，这样战略、需求和产品开发就联结起来了。那么大家说这样做就完整了吗？还有第四个要点，就是产品需求要让开发人员搞懂，所以又根据布朗牛（Brown Cow）的原理来讲新故事和老故事，需求没有解决之前客户的故事是什么，讲清楚场景和步骤；需求解决后客户的故事是什么，讲清楚场景和步骤。这样开发人员一看，哦，原来是要实现这样的功能，秒懂！你看这样一

组织的演进→

个难题靠这四个活动就搞清楚了，这四个活动有前后顺序，相互依赖，少一个环节也不行。这样做下来，组织对客户需求的把控和处理就上了一个新台阶。

以上内容想说的就是亮点在节，追求在章。读者在市面上能看到的例子，例如集成产品开发（IPD）、集成供应链（ISC）比较多。这里举一个财务流程。

财务第一个业务指标和业务一样，关注的是销售收入；第二个是利润。管销售收入只要统计数据就好，管利润就要建立规则，特别是净利润。一旦建立规则就相当于对运营流程提出了新要求，毕竟，如果是业务部门自己，它只管自己的运营流程成本和人工成本就好，一旦要算整个净利，就意味着它要分摊公共成本，就涉及规则，但这个还好，毕竟管理与支持流程提供了服务，业务部门只是对多少有意见，不会对给不给有意见。一般组织的财务指标做到这里就算是达标了。

那如果财务工作追求在章，一般该怎么干呢？有一部分组织是从回款周期开始抓的，一般对于销售来说，合同成立是他们最关注的，回款是关注的次要部分，有的组织销售人员根本就不管这一块。那这个时候回款就是一个特别难的事情，甚至有的公司会集中成立一个部门来专管回款，把回款作为一个专业。这种方式好不好呢？算是比较进步了。但我们要认识到，回款的目的是什么？是加快资金周转效率（如果从这个角度来看，只管回款的视野还小了很多），再进一步说，就是让钱生钱再快一点，此时该怎么办呢？要从整个组织和客户接触的触点来设计组织的回款流程，再前置到合同中的付款条款以及内外部沟通节点的设计。这样才能够把回款工作做好。一般组织会直接把回款指标加到销售人员的绩效指标中，这样的方式太生硬。可以用回款提升的比例来奖励销售，同时对销售人员提出最基本的回款周期要求，或许是一个更好的办法。

如果一个公司的财务流程能够把回款管理到业内先进水平，就算是"追求在章"了，可以算财务负责人一个卓越的绩效。

那管好了回款就是尽头了吗？不是的！哪些战略事项的投入产出高呢？如果不能做出事前估计，能不能做成事后结算呢？能不能把这些财务数据服务到具体的产品线和项目呢？如果一个公司的财务能够做到这样，是不是算非常优秀的呢，这就叫"追求在章"。

掌握了这个原则，你是不是对所在组织中的某类流程或者某个活动有了改进的想法呢？如果是这样，流程管理就从认识到行动了，剩下的当成一个项目去推进就可以了。

这里笔者想提醒的是：不要着急，先找突破点，先找亮点，然后撬动"章"，然后想办法做到多个"章"的优秀，你便能达到自己的目的了。如果读者认为所在组织的流程不过是服务客户的一段流程而已，那这个"章"就和市场真正接轨了。

3. 流程和数字化

在当代，谈流程不能不谈数字化。部分组织缺乏数字化能力，对流程的理解也欠缺，所以数字化的阶段相对来说比较初级。那么数字化和流程结合，有几个阶段呢？

第一个阶段是为了数字化而数字化，就是把现在线下的流程改成了线上。主要的作用是数据在线上可见了，但即使如此，也会改变大家的习惯，推行一个数字化项目上线好难呀！

第二个阶段是对流程中的"节"有了好的线上化设计，这个时候大家就喜欢用一些系统的功能了，但还是认为已经上线的系统存在明显不足。

第三个阶段是对一类流程能够很好地进行线上应用，能够在这个领域内看各类前置数据，形成高层管理的驾驶舱了，这个时候流程管理的水平其实达到了"追求在章"的水平。

第四个阶段就是主要流程全面数字化，乃至改变商业模式。因此你看数字化的水平完全取决于流程的水平，反过来又赋能流程。这个年代并不缺技术，而是缺乏对业务的理解。

在这里，笔者举个例子，来阐述在"节"上的应用，进而链接到"章"。还拿 W 公司 TA 团队的招聘来举例，招聘系统在国内目前的成熟度算是比较高的，AI、物联网等技术已经具备了应用的基础。那 AI 怎么用呢？供应商介绍的第一个应用是招聘中的人才地图（Talent Mapping）辅助，什么意思呢？就是当你想看对手公司的时候，系统会自动解析简历库中对应的简历，然后按照地域、时间、部门归纳成对手的组织机构图，一直到岗位和人选。这个功能看起来很炫，但用好不容易，因为一是人才库里的资源有限，二是大部分组织都会按照年度调整组织结构。这两个因素导致系统对实际 Mapping 帮助有限。

后来 W 公司总结了一个应用，什么应用呢？利用 AI 做实时推荐。什么意思呢？首先以规范职位描述（Job Description，JD）的方式，把对应的职责和任务搞清楚，在系统上（对外口径）发 JD 只发职责不发任务（保密需要，此任务非流程分级中的任务，而是指完成职责需要开展的活动）；但职责的描述要包含任务的关键词，这样系统通过解析 JD 和简历库中的 JD 去匹配。解析的结果会出现在需求界面的右侧，你如果不满意可以修改和增加关键词，这样就实现了一个功能，无论我何时建立一个什么样的 JD，系统都可以给我推荐出来匹配度最高的简历以及这个候选人的面试评价（如果之前有），当然之前面试通过的优先级会最高。与此同时，W 公司也可以引导不同部门在相同岗位上职责和任务的一致化，有利于人力资源在整个公司内部调动。这个"节"经过北京希瑞亚斯科技有限公司（Moka）的设计，已经在国内应用，组织和猎头都很欢迎这个业务设计，它第一次在国内找到了一个更实用的 AI 技术在 HR 行业的应用场景。

你看这里有几个"节"是很"亮"的：第一个节是要求统一需求的描述，就是要描得准，有什么职责，做什么任务，需要什么能力，这样就能找得准；第二个就是通过数字化实现了实时推荐，这个时候第三个"节"就出来了，就是给业务人员账号，他们也喜欢自己上去看看，同时根据自己的理解修改一下解析出来的关键词。你看他这个动作导致组织资产逐渐收集起来了，再加上对人才密度的重视和面试技术的培训，这样就提高了整个招聘流程的效率，基本达到了"追求在章"。

4. 流程管理中易犯的错误

在流程管理中容易犯的一些错误，笔者也列出来供大家参考。

第一个误区就是专业至上。我们目前的工作和任务越来越专业化和细分了，在一个专业人员看来理所当然的事情对其他专业来讲就是不可理喻，因此流程管理一定要注重贡献，从端到端来看流程的输入和输出，基于贡献最大化去设计，这是在流程管理中最容易陷入的误区，"用我最专业的视角，设计最专业（复杂）的流程"。只见树木不见森林，沉浸在"节"中，认为这是亮点，是专业竞争力。

第二个错误是眼睛向内看得多，向外看得少。不愿意去学习更先进的流程，总认为我们有自己的特色，这是第二个容易犯的错误，在有一点成绩的时候夜郎自大。做流程一定要善于向外学习，特别是复杂度高的流程，要有拿来主义的精神！只有这样才是在"章"上有追求。而不是转来转去，只在自己组织内部骄傲，失去掌握人类顶尖智慧结晶的机会。

组织的演进→

第三个错误是贪图求多。流程管理在"章"上的成就越多，组织的生命力也越强，但无法一下子达到，如果操之过急就会被打回原形。要知道一个流程的深入其实是一个变革项目。不仅仅是流程描述变了，是个体和团队执行任务的行为方式都变了，当然工具也会产生变化。因此先在"节"上有亮点，再求一个"章"的变化，一个"章"出现变化原则上也要 3 年左右的时间。这个时间不白费，相当于在锻炼组织的变革能力，创造属于组织独有的变革模式。

关于流程管理就讲到这里，笔者并没有去举例讲一个流程的构成，因为读者随处可得，但建立起来以上四个方面的知识框架，是当前组织所需要的。

参考文献

[1] 彼得·德鲁克.管理：使命、责任、实务[M].王永贵,译.北京：机械工业出版社,2009.

[2] 彼得·德鲁克.卓有成效的管理者(55周年新译本)[M].辛弘,译.北京：机械工业出版社,2022.

[3] 彼得·德鲁克.管理的实践[M].齐若兰,译.北京：机械工业出版社,2009.

[4] 詹姆斯·马奇,赫伯特.西蒙.组织[M].邵冲,译.北京：机械工业出版社,2008.

[5] 切斯特·巴纳德.经理人员的职能[M].王永贵,译.北京：机械工业出版社,2007.

[6] 哈罗德·孔茨.再论管理理论的丛林[M].北京：中国社会科学出版社,1980.

[7] 艾尔弗雷德·斯隆.我在通用汽车的岁月[M].刘昕,译.北京：华夏出版社,2005.

[8] 弗雷德蒙德·马利克.正确的公司治理[M].朱健敏,译.北京：机械工业出版社,2009.

[9] 埃里克·施密特,乔纳森·罗森伯,艾伦·伊格尔.重新定义公司：谷歌是如何运营的[M].靳婷婷,译.北京：中信出版社,2019.

[10]杰弗瑞·莱克 大卫·梅尔.丰田人才精益模式[M].钱峰,译.北京：机械工业出版社,2010.

[11]戴维·尤里奇.人力资源转型[M].李祖滨,孙晓平,译.北京：电子工业出版社,2015.

[12]BILL CURTIS, WILLIAM E. HEFLEY, SALLY A. MILLER.The people capability maturity model[M]. Boston：Addison-Wesley, 2002.

[13]埃德加·沙因.组织文化与领导力[M].马红宇,王斌,等,译.北京：中国人民大学出版社,2011.

[14]埃德加·沙因.企业文化生存与变革指南[M].马红宇,唐汉瑛,等,译.杭州：浙江人民出版社,2017.

[15]埃德加·沙因.过程咨询Ⅰ：在组织发展中的作用[M].葛嘉,译.北京：中国人民大学出版社,2022.

[16]埃德加·沙因.过程咨询Ⅱ：顾问与管理者的必修课[M].葛嘉,吴景辉,译.北京：中国人民大学出版社,2022.

[17]埃德加·沙因.过程咨询Ⅲ：建立协助关系[M].葛嘉,朱翔,译.北京：中国人民大学出版社,2022.

[18]罗伯特 A. 伯格曼,韦伯·麦金尼,菲利普 E. 梅扎.七次转型[M].郑刚,郭艳婷,等,译.北京：机械工业出版社,2018.

[19]野中郁次郎,竹内弘高.创造知识的企业[M].李萌,高飞,译.北京：知识产权出版社,2006.

[20]大卫·汉纳.组织设计[M].北京：中国青年出版社,2014.

[21]阿图·葛文德.清单革命[M].王佳艺,译.杭州：浙江人民出版社,2012.

[22]阿图·葛文德.医生的修炼[M].王一方,主编.欧冶,译.杭州:浙江人民出版社,2015.

[23]包政.管理的本质[M].北京:机械工业出版社,2018.

[24]丛龙峰.组织的逻辑[M].北京:机械工业出版社,2021.

[25]托尼·萨尔德哈.数字化转型路线图[M].赵剑波,等,译.北京:机械工业出版社,2021.

[26]拉姆·查兰,斯蒂芬·德罗特,詹姆斯·诺埃尔.领导梯队[M].徐中,林嵩,雷静,译.北京:机械工业出版社,2011.

[27]比尔·康纳狄,拉姆·查兰.人才管理大师[M].刘勇军,朱洁,译.北京:机械工业出版社,2012.

[28]王玉荣,葛新红.流程管理[M].北京:北京大学出版社,2016.

[29]约瑟夫·A.马恰列洛.价值永恒[M].慈玉鹏,译.北京:机械工业出版社,2020.

[30]俞朝翎.干就对了[M].北京:中信出版社,2020.

[31]田涛.华为访谈录[M].北京:中信出版社,2021.

[32]何绍茂.华为战略财务讲义[M].北京:中信出版社,2020.

[33]金景芳,吕绍刚.周易全解[M].上海:华东师范大学出版社,2019.

[34]冯云霞,武守强.高效学习密码:知信行三维管理学习[M].北京:清华大学出版社,2022.

[35]理查德·鲁梅尔特.好战略,坏战略[M].蒋宗强,译.北京:中信出版社,2017.

致　谢

　　如果说这本书只能感谢一个人，我认为一定是中国人民大学商学院教授冯云霞老师。冯老师一直关注组织成熟度这个话题，在我有想法写一本书时，她亲自指导我如何写一本书，出版一本书。

　　如果没有和冯老师在紫竹院公园天福号的茶叙，就不会有这本书第二部分的第三章到第七章；之后冯老师又将她的爱徒、合作者，北京第二外国语学院的武守强老师介绍给我，第二部分的第八章就是在武老师的建议下形成的；端午节的时候，冯老师又专门给我建议，如果写一个案例分析，这个书的结构会更完善。由于缺少一手材料，我刚开始对此是有一定排斥的，正是在冯老师的引导下，读者才能看到目前的第九章《组织的演进：惠普77年》。冯老师还在百忙之中抽出时间帮我从头到尾改稿，热心地帮我写推荐序。所以我数次提议让冯老师和武老师作为署名作者，但都被他们拒绝了。这样的江湖相助，让人倍感人间之暖、世间之善。

　　冯云霞老师为了这本书的出版，帮我联系了多家出版社，最终联系到了中国经济出版社毛增余社长，确定了由中国经济出版社出版。毛社长非常支持，很快推荐了分社的姜静社长，我们俩在老山咖啡馆一见如故，很快就达成了具体的合作协议。我认识出版界的朋友并不多，但我保证姜静绝对是一个考虑读者需求并尊重作者视角的出版人，她的气场和行为感染了我。后来，编辑李玄璇受姜静之邀参与本书出版工作。如果你写过长文章，就一定知道这个工作有多么的繁琐，小到一个标点，大到形成正确的描述和一些版权的归属等，责任编辑的工作是很难的，她们对每一个小细节都很认真，多次校对下来，至少改了一千处以上的小细节。如果读者认为本书有一定的阅读性，那责任编辑的功劳是非常大的。中国经济出版社虽然是一个商业组织，但让我感受到了他们具有强烈的使命感、责任感愿景和价值观。

其次，我要感谢几位咨询界的老师：上海颗思咨询的创始人冯洁，建信金科的程永星、南京佑佐咨询联合创始人徐洪江，红杉林管理咨询创始人弋颖。四位都是咨询界的老师，都在本书的形成过程中给了我很多反馈，让内容更加完善。冯老师身在英国还专门惦记为我作序推荐，她同时也是中国极少数 SEI 授权的 PCMM 讲师。程永星是我做 PCMM 认证项目时的咨询顾问，我们认识了十几年，每当我有需求时，冯洁和永星哥都会随时"拔刀相助"。

再次，要感谢我在使用成熟度理论实践过程中的两位发起人——我的前领导，首钢的佘国平和锐捷网络的刘忠东，没有他们作为发起人高瞻远瞩地发起变革项目，我就没有实践的机会。佘总从头到尾看完了本书并给了反馈，刘总还专门作序推荐。在管理实践过程中，我的三位直接领导郑馨莉、连丽华、刘弘瑜更是给了我具体的指导，她们三位风格迥异，没有她们的指导，我可能还只是一个空知道不少理论的"书生"，对如何在组织场景中落地毫无所知。郑书记教会我如何把握事情的要点并处理好细节，连书记教会我如何作为领导者来担当责任，弘瑜姐教会我如何从一个企业家的视角来看待、思考并推动事物发展。当然，我的同事们也帮助甚多，特别是我在首钢信息化团队以及锐捷 HR 团队中的同事们，就不逐一感谢了。

  最后，要感谢我的家人和老师们。我出生在一个文、武传统都非常浓厚的家族，父母花了非常大的精力让我接受好的教育。我的启蒙老师是我的父亲，他希望我能够传承家族的文、武传统，我也一直按照这个要求在努力。在我求学的过程中，杨连峰、张秀银、杨怀中、刘俊芬、李腊元、李玉强老师都对我帮助甚多，他们都是我人生中的榜样。我的爱人高世静一直对我很信任，凡是事业上的事情都无条件支持我，是爱人和孩子们给了我家庭的温暖，是我生活动力的源泉。

  因此，在成书之际，特别撰文，真诚感谢上述所有人！

邢艳平

2023 年国庆